Como vivemos é como morremos

Como vivemos é como morremos

Pema Chödrön

Tradução de Marilene Tombini

GRYPHUS

Rio de Janeiro

© 2022 by the Pema Chödrön Foundation

"Published in arrangement with Shambhala Publications Inc."
"Meditating with Open Awareness" by Yongey Mingyur Rinpoche reproduced with permission from Tergar Meditation Community. "Tonglen" from appendix B originally appeared in Lion's Roar magazine, https://www.lionsroar.com/how-to-practice-tonglen. Reproduced with permission. "The Six Realms of Samsara" image from appendix C is ©Pema Namdol Thaye (detail of a larger art-work), reproduced with permission courtesy of Padma Studios, PadmaStudios.com.

Direitos autorais reservados e garantidos

Copy desk
Gustavo Gitti

Revisão
Gustavo Gitti
Maria Helena da Silva

Diagramação
Rejane Megale

Capa
Carmen Torras para gabinetedeartes.com.br

Adequado ao novo acordo ortográfico da língua portuguesa

CIP-BRASIL. CATALOGAÇÃO-NA-FONTE
SINDICATO NACIONAL DOS EDITORES DE LIVROS, RJ

C473c

Chödrön, Pema, 1936-
  Como vivemos é como morremos / Pema Chödrön ; tradução Marilene Tombini. - 1. ed. - Rio de Janeiro : Ghyphus, 2024.

  248 p. ; 21 cm.
  Tradução de: How we live is how we die
  Inclui bibliografia
  ISBN: 978-65-86061-77-2

  1. Vida espiritual - Budismo. I. Tombini, Marilene. II. Título.

24-88343
CDD: 294.3444
CDU: 24-584

GRYPHUS EDITORA
Rua Major Rubens Vaz, 456 – Gávea – 22470-070
Rio de Janeiro – RJ – Tel: +55 21 2533-2508 / 2533-0952
www.gryphus.com.br– e-mail: gryphus@gryphus.com.br

Dedico este livro com amor e grande apreço à minha querida irmã, Patricia Billings, que morreu aos 91 anos em fevereiro de 2020.

Contemplar a morte cinco vezes por dia traz felicidade.
— Provérbio butanês

Sumário

Introdução 11

1. O maravilhoso fluxo de vida e morte 15
2. Mudança contínua 19
3. Memória passageira 27
4. Como vivemos é como morremos 33
5. A dissolução das aparências desta vida: o bardo do morrer 41
6. A história de Mingyur Rinpoche 49
7. Luminosidade-mãe e luminosidade-filha 57
8. O que atravessa os bardos? 65
9. As duas verdades 71
10. Propensões 77
11. Sinta o que você está sentindo 85
12. O primeiro passo para a coragem: contenção 93
13. O segundo passo para a coragem: uma visão positiva dos *kleshas* 99
14. Duas práticas para transformar o coração 105
15. O terceiro passo para a coragem: emoções como caminho de despertar 109
16. Os cinco sabores da sabedoria 115
17. Experimentar as coisas como elas são: o bardo do dharmata 127
18. Abrir-se ao mundo sagrado 135
19. Da abertura à concretude: um padrão eterno 145

20. A entrada no bardo do vir-a-ser   151
21. Conselho do coração   169
22. Os seis reinos   173
23. A escolha do nosso próximo nascimento   183
24. Como ajudar os outros com a morte e o morrer   193
25. Despertar no bardo   203
Conclusão   207

APÊNDICE A — Uma história dos ensinamentos do bardo   213
APÊNDICE B — Práticas   215
   Meditação sentada básica   215
   Meditação com a consciência aberta   217
   Tonglen   219
APÊNDICE C — Tabelas   223
   Estágios de dissolução   223
   As cinco famílias búdicas   224
   Os seis reinos do samsara   226
Sugestões de leituras complementares   227
Agradecimentos   229
Índice remissivo   231
Sobre a autora   245

Introdução

É famoso o conselho do Buda aos seus discípulos de não aceitar tudo que ele dizia sem antes verificar por si mesmos. Ele queria promover a experiência em primeira mão, não o dogma. "Não acredite apenas na minha palavra", dizia. "Examine meus ensinamentos do modo como um ourives examina o ouro." O Buda ensinou, por exemplo, que concentrar-se demais nos próprios interesses traz dor e ansiedade, e que estender nosso amor e atenção aos outros – mesmo a estranhos ou àqueles que nos incomodam – traz alegria e paz. Isso é algo que podemos verificar em nossa própria experiência. Podemos experimentar e testar esse ensinamento quantas vezes forem necessárias até nos convencermos.

Os ensinamentos apresentados neste livro, entretanto, parecem estar em outra categoria. A palavra tibetana *bardo*, que aparecerá com frequência, comumente se refere à passagem após nossa morte e que precede nossa próxima vida. Mas como é possível verificar em nossa própria experiência o que acontece depois que morremos? Como podemos verificar se haverá uma próxima vida? Nestes capítulos encontram-se descrições de ofuscantes luzes coloridas, barulhos ensurdecedores, fantasmas famintos, de deidades pacíficas e iradas. Como é possível examinar tais ensinamentos do modo como um ourives examina o ouro?

Minha intenção não é convencê-lo a aceitar a cosmovisão tibetana e a considerar tais descrições como a verdade definitiva sobre o que acontece depois que você morre. Não dá para dizer que alguma coisa é definitivamente "desse ou daquele jeito". Tenho a sensação de que vai contra o espírito dos ensinamentos do Buda. Ao mesmo tempo, muitas pessoas discernidas, ainda vivas, estudam os ensinamentos do bardo e os levam a sério — não como matéria acadêmica, mas como fonte de uma profunda sabedoria que as ajuda a viver melhor. Talvez não consigamos comprovar esses ensinamentos tradicionais com base em nossa própria experiência em primeira pessoa. Porém, quer acreditemos ou não na cosmovisão tibetana, se penetrarmos na essência dos ensinamentos do bardo, poderemos nos beneficiar não somente após a morte, mas neste ano, no dia de hoje, neste momento.

Esses ensinamentos se baseiam num antigo texto tibetano chamado *Bardo Tödrol*, que foi traduzido para o inglês, e depois para o português, como *O livro tibetano dos mortos*, mas que literalmente significa "liberação através da escuta durante o estado intermediário". O objetivo do *Bardo Tödrol* é ser lido para aqueles que faleceram e entraram nesse estado. O texto descreve as várias experiências pelas quais a pessoa falecida vai passar, servindo assim de guia, ajudando-a a navegar numa jornada, considerada desorientadora, desta vida para a próxima. A ideia é que ouvir o *Bardo Tödrol* proporcionará as melhores chances de uma morte tranquila, uma jornada pacífica e um renascimento favorável. No melhor dos cenários, a pessoa se libertará do *samsara*, o doloroso ciclo de nascimento e morte.

O termo *bardo* é geralmente associado ao estado intermediário entre as vidas, mas uma tradução mais abrangente seria simplesmente "transição" ou "intervalo". A jornada que se segue à morte é essa transição, mas quando analisamos de perto nossa experiência, percebemos que estamos sempre em transição. A cada momento da vida, algo está terminando e algo está começando. Não se trata de um conceito esotérico. Quando prestamos atenção, isso se torna evidente em nossa experiência.

O livro tibetano dos mortos enumera seis bardos: o bardo natural desta vida, o bardo do sonhar, o bardo da meditação, o bardo do morrer, o bardo do *dharmata* e o bardo do vir-a-ser.

Neste instante estamos no bardo natural desta vida. Como enfatizarei continuamente ao longo do livro, o bardo natural desta vida é onde concentramos nosso trabalho. Ao compreendermos como esta vida é um bardo – um estado de mudança contínua – ficamos prontos para encarar quaisquer outros bardos que venham a surgir, por mais estranhos que sejam.

O bardo do morrer se inicia quando percebermos a morte iminente e dura até o último suspiro. Segue-se o bardo do *dharmata*, que significa "a verdadeira natureza dos fenômenos". Finalmente, vem o bardo do vir-a-ser, durante o qual fazemos a transição para nossa próxima vida. Neste livro, falarei desses três bardos em detalhe e também os conectarei a experiências mais familiares pelas quais passamos durante a vida.

Minha aspiração para o que se segue é escrever de tal modo que esses ensinamentos sejam significativos e benéficos para você, sejam quais forem suas crenças. Ao mesmo tempo, eu gostaria de encorajá-lo a "inclinar sua abertura" em direção aos aspectos menos familiares desses ensinamentos, como meu professor Dzigar Kongtrul Rinpoche gosta de dizer. Descobri que meus maiores crescimentos pessoais sempre acontecem quando minha mente e meu coração estão mais curiosos que duvidosos; espero que você aborde a leitura deste livro de modo semelhante.

Se conseguirmos aprender a navegar no fluxo contínuo de transições em nossa vida atual, estaremos preparados para a morte e qualquer coisa que possa segui-la, não importa a cosmovisão que adotamos. Meus professores, começando por Chögyam Trungpa Rinpoche, deram-me muitas instruções de como fazer isso. Ao aplicar esses ensinamentos do bardo, aprendi a eliminar grande parte do medo e da ansiedade em relação à morte. Porém, tão importante quanto isso, esse treinamento me fez sentir mais viva, aberta e corajosa na minha vida cotidiana. Por esse motivo eu gostaria de passar a vocês esses ensinamentos e seus benefícios.

1

O maravilhoso fluxo de vida e morte

Este livro é sobre o medo da morte. Mais precisamente, ele apresenta uma questão: como nos relacionamos com o mais fundamental de todos os medos, o medo da morte? Algumas pessoas expulsam da mente a ideia da morte e agem como se fossem viver para sempre. Outras dizem a si mesmas que a vida é a única coisa que interessa, pois a morte – segundo sua visão – é igual a nada. Outras ainda ficam obcecadas com saúde e segurança e baseiam suas vidas na prevenção do inevitável pelo máximo possível de anos. É mais incomum que as pessoas se abram completamente à inevitabilidade da morte – e a qualquer temor que isso possa causar – e levem suas vidas de acordo.

Descobri que aqueles que se abrem dessa maneira são mais comprometidos com a vida e apreciam melhor o que têm. Ficam menos envolvidos com seus dramas e têm um efeito mais benéfico sobre os outros e sobre o planeta como um todo. Essas pessoas incluem meus professores e os sábios de todas as tradições espirituais do mundo. Mas há muitas pessoas comuns que não negam nem ficam obcecados com a morte; em vez disso, vivem em harmonia com o fato evidente de que um dia irão partir deste mundo.

Alguns anos atrás, conduzi um seminário de fim de semana sobre esse assunto no Instituto Omega em Rhinebeck, estado de Nova York. Uma das participantes admitiu que, ao saber que eu falaria sobre a morte e o morrer, ficou frustrada. Ao final da programação, no entanto, ela já via o assunto como algo capaz de transformar toda a sua vida. Ao compartilhar esses ensinamentos, espero ajudá-lo a ficar mais familiarizado e à vontade com a morte e mais capaz de viver em harmonia com o que antes o amedrontava – mais capaz de ir da frustração à transformação.

Minha segunda aspiração, bastante relacionada, é que a abertura para a morte possa ajudar você a se abrir para a vida. Como repetirei nas páginas que se seguem, a morte não é algo que ocorre somente no final de nossa vida. A morte acontece a todo momento. Vivemos num maravilhoso fluxo de nascimento e morte, nascimento e morte. O fim de uma experiência é o começo da próxima, que rapidamente chega ao fim, levando a um novo começo. É como um rio que flui incessantemente.

Costumamos resistir a esse fluxo tentando solidificar nossa experiência de um modo ou de outro. Tentamos encontrar alguma coisa, qualquer coisa ao que nos segurar. A instrução aqui é relaxar e soltar. O treinamento aqui é nos acostumarmos a existir dentro desse fluxo contínuo. É assim que trabalhamos com nossos medos da morte e da vida e permitimos que se dissolvam. Não se trata de uma garantia; não dá para pedir seu dinheiro de volta se isso não acontecer, ou se levar mais tempo do que gostaria. Entretanto, eu tenho me movimentado lentamente nessa direção e creio que você também consegue.

Na tradição Mahayana do budismo, que eu sigo, é costume iniciar qualquer estudo, prática ou outra atividade positiva, pela contemplação de seu propósito maior. Poderíamos refletir, por exemplo, sobre o benefício que fazer amizades durante o fluxo de nascimento e morte pode trazer ao nosso ambiente, às pessoas em nossas vidas – e até além. Poderíamos refletir sobre como nossa prática de relaxar mais profundamente com a vida e com a morte pode impactar positivamente tudo que encontramos.

Para ilustrar o quanto nosso mundo é interconectado, os teóricos do caos dizem que o bater de asas de uma borboleta na Amazônia afeta o clima na Europa. Da mesma forma, nosso estado mental afeta o mundo. Sabemos como afeta as pessoas à nossa volta. Se fizermos cara feia para uma pessoa, é bem provável que ela faça o mesmo para outra. Se você sorri para alguém, a pessoa se sente bem e possivelmente irá sorrir para os demais. Igualmente, se você ficar mais à vontade com a qualidade transitória da vida e a inevitabilidade da morte, essa tranquilidade será transmitida aos outros.

Qualquer energia positiva que direcionamos a nós mesmos ou aos outros cria uma atmosfera de amor e compaixão que reverbera mais e mais adiante – quem sabe até onde? Tendo isso em mente, poderíamos partir nesta exploração da morte com o nosso melhor eu, o eu que é sensível aos medos e dores de nossos semelhantes e quer ajudar. Em apoio a essa aspiração, poderíamos dedicar essa jornada particular pelo bardo ao bem-estar de pelo menos uma pessoa que esteja passando por dificuldades. Comece por anotar alguns nomes e vá acrescentando outros com o tempo. No final, você pode acabar com uma lista de várias páginas.

Bilhões de pessoas precisam de cuidado e apoio neste planeta. Desejemos que qualquer progresso nosso de algum modo lhes dê um pouco da ajuda de que necessitam. Talvez só consigamos ajudar um pequeno número de pessoas diretamente, mas todas podem ser incluídas em nossas aspirações.

Estabelecer nossa motivação desse modo é conhecido como "gerar *bodhicitta*", o coração da compaixão, ou, como Dzigar Kongtrul Rinpoche chama, "a mentalidade do despertar". Somos instruídos no *Dharma* não apenas a ajudar a nós mesmos, mas a ajudar o mundo.

2

Mudança contínua

Muitas pessoas acreditam que a consciência acaba no momento da morte. Outras creem que continua. Mas todos podem concordar que, durante a vida presente, as coisas definitivamente continuam. E assim, modificam-se incessantemente. As coisas estão constantemente cessando e surgindo. O processo de morte e renovação é contínuo. Essa experiência, vivenciada por todos os seres vivos, é conhecida como "impermanência".

O Buda enfatizou a impermanência como uma das contemplações mais importantes do caminho espiritual. "Entre todas as pegadas, as do elefante são excepcionais", disse ele. "Do mesmo modo, entre todos os focos de meditação... a ideia da impermanência é insuperável."

Contemplar a impermanência é o caminho perfeito para os ensinamentos do bardo, assim como da morte. É porque, comparada a tópicos mais difíceis, a mudança contínua é de fácil percepção e compreensão. As estações mudam, os dias mudam, as horas do dia mudam. Nós mesmos mudamos junto e as mudanças se sucedem a todo momento. Isso acontece a nossa volta e dentro de nós, o tempo todo, sem cessar um instante sequer.

Ainda assim, por alguma razão, não apreciamos inteiramente o que está acontecendo. Tendemos a nos comportar como se as coisas fossem mais fixas do que realmente são. Temos a ilusão de que a vida continuará semelhante ao que é agora. Um vívido exemplo recente foi a pandemia do coronavírus. Tínhamos como certa a estabilidade do mundo, contando com suas determinações, e de repente tudo virou de ponta-cabeça, de maneira inimaginável.

Apesar de termos passado a vida toda experimentando a mudança, algo em nosso interior nunca deixa de insistir na estabilidade. Qualquer mudança, até para melhor, pode dar uma sensação meio enervante, pois parece expor nossa incerteza subjacente em relação à vida. Preferimos pensar que pisamos em solo firme a ver claramente que tudo está em constante transição. Preferimos negar a realidade da mudança contínua a aceitar o modo como as coisas são.

Assim como nos agarramos à sensação de permanência, também nos agarramos aos estados emocionais. Quer nos sintamos bem ou mal, alegres ou tristes, otimistas ou pessimistas, tendemos a esquecer que os sentimentos são passageiros. É como se houvesse um mecanismo a nos impedir de lembrar que tudo está sempre fluindo. Nosso presente estado de ansiedade ou euforia simplesmente parece ser a realidade da nossa vida. Quando estamos felizes e esse sentimento bom acaba, nos decepcionamos; quando estamos infelizes, ficamos presos às nossas emoções desagradáveis. Portanto, quer nos sintamos bem ou mal, nossa ilusão de permanência traz problemas.

O Buda falou sobre nossa dificuldade em aceitar a impermanência ao ensinar sobre os três tipos de sofrimento. Chamou o primeiro tipo de "sofrimento do sofrimento". Trata-se da evidente agonia da guerra, da fome, dos ambientes hostis, do abuso, da negligência, da perda trágica ou de uma série de doenças graves. É nisso que geralmente pensamos ao falar de "dor" ou "sofrimento". As pessoas e animais que estão nessas situações vão de um sofrimento ao outro quase sem intervalo.

Algumas pessoas são afortunadas de não experimentar o evidente sofrimento do sofrimento. Em comparação ao que outras passam, sua situação atual é muito boa. Contudo, ainda temos a dor proveniente do fato de que nada dura. Experimentamos contentamento, mas ele logo se alterna com decepção. Experimentamos realização, mas ela se alterna com tédio. Experimentamos prazer, mas ele se alterna com decepção. Essa alternância, junto a toda esperança e medo que traz, é por si só uma grande fonte de dor.

Esse segundo tipo de sofrimento, que o Buda chamou simplesmente de "sofrimento da mudança", oculta-se em nossas entranhas como o conhecimento doloroso de que nunca conseguiremos tudo o que queremos. De uma vez por todas, é impossível fazer que nossa vida seja exatamente do jeito que queremos. Nunca conseguiremos alcançar uma posição na qual estaremos sempre nos sentindo bem. Às vezes, podemos nos sentir confortáveis e satisfeitos, mas, como minha filha observou certa vez, "Aí é que está o problema". Pois como as coisas vão bem para nós com bastante frequência, continuamos retornando à falsa esperança de poder mantê-las assim. Pensamos: "Se eu simplesmente fizer tudo certo, estarei sempre ótimo!" Acho que isso é parte do que está por trás do abuso de drogas e de todos nossos outros vícios. Nosso vício subjacente é a esse sonho de prazer e conforto duradouros.

Todas as religiões e tradições de sabedoria falam sobre a futilidade de lutar pela felicidade investindo em coisas que não duram. Não há surpresa ao ouvirmos esses ensinamentos e por um tempo podemos até ficar convencidos. Podemos até chegar a achar que é ridículo buscar por felicidade de modo tão infrutífero. Mas assim que aparece o desejo por algo novo, toda essa sabedoria tende a ir por água abaixo. Então é só uma questão de tempo até a impermanência agir, estragando nossa coisa nova. Mesmo que não derramemos café sobre ela na manhã seguinte, nosso prazer desaparecerá em um futuro não muito distante.

O exemplo clássico é apaixonar-se. No início, é o maior "barato" que se poderia atingir. A partir daí, pode facilmente virar o maior desapontamento. Quando o "barato" desvanece, se os enamorados querem permanecer juntos, terão que superar o desapontamento e se aprofundar na relação. Muitos casais conseguem fazer essa transição maravilhosamente, mas mesmo assim, aquele absoluto prazer inicial de duas pessoas se apaixonando acabou.

O terceiro tipo de sofrimento, conhecido como "sofrimento que tudo permeia", ocorre num nível mais profundo e mais sutil que os outros dois. Trata-se do constante desconforto oriundo da nossa resistência básica à vida como ela realmente é. Queremos um terreno sólido para nos apoiar, mas isso simplesmente não faz parte do jogo. A realidade é que nada fica parado, nem por um instante. Se examinarmos bem de perto, veremos que mesmo as coisas aparentemente mais estáveis estão em constante mudança. Tudo está em movimento e nunca sabemos em que direção. Se até montanhas e rochas movem-se e modificam-se de modo imprevisível, como encontrar segurança em qualquer coisa? Essa sensação constante de ausência de chão e de insegurança permeia silenciosamente todos os momentos de nossa vida. É o desconforto sutil subjacente tanto ao sofrimento do sofrimento quanto ao sofrimento da mudança.

Novamente, olhemos para o processo de se apaixonar. Grande parte da emoção tem a ver com o frescor que esse novo amor traz à nossa vida. Nosso mundo inteiro se sente renovado. Mas com o passar do tempo, passamos a querer que tudo permaneça exatamente do jeito que gostamos. É quando o sofrimento que tudo permeia levanta a cabeça e a fase de lua de mel chega ao fim. À medida que a novidade esmorece, os enamorados começam a perceber certas coisas, como o quanto o outro é mesquinho ou supercrítico. De algum modo, o véu é retirado e um passa a achar o outro irritante, simplesmente por ser quem é. O que geralmente acontece em seguida é a tentativa de melhorar o outro, uma tentativa de moldar o parceiro. Mas essa abordagem só piora as coisas. A única maneira de fazer os relacionamentos funcionarem é ser capaz de deixar as coisas como são e lidar com o outro assim como ele é. Isso significa superar algumas das resistências à vida como se apresenta, ao invés de querer que ela seja de uma ou de outra forma.

Muitas vezes ouvimos dizer "Não se preocupe, vai dar tudo certo". Sempre entendi isso como uma tentativa de garantir que as coisas acabarão acontecendo do jeito que *nós* queremos que elas aconteçam. Entretanto, na grande maioria das vezes, não conseguimos o que queremos e, mesmo quando conseguimos, nosso prazer é apenas passageiro. E grande parte das vezes conseguimos o que *não* queremos – ah, as vicissitudes da vida.

Trungpa Rinpoche tinha um ditado sobre isso: "Não confie no sucesso. Confie na realidade". Acreditar que as coisas irão funcionar do modo como queremos é "confiar no sucesso" – sucesso nos nossos termos. Mas por experiência própria, sabemos muito bem que o sucesso não é confiável. Às vezes, as coisas saem do jeito que queremos; outras não. "Confiar na realidade" é uma atitude mental muito mais aberta e relaxada. A realidade vai acontecer, de um jeito ou de outro. Podemos contar com isso. Tal ensinamento é muito profundo e, ao mesmo tempo, completamente simples. "Realidade" refere-se às coisas assim como elas são, livres de nossas esperanças e medos. Sabendo que esse é o caso, podemos ficar abertos ao prazer e à dor, ao sucesso e ao fracasso – em vez de nos sentirmos vítimas de uma vingança pessoal quando não conseguimos o emprego ou o parceiro, quando adoecemos. Essa abordagem é radical; vai totalmente contra nosso modo convencional de ver as coisas. Podemos nos abrir tanto ao desejado quanto ao indesejado. Sabemos que irão mudar, assim como o clima muda. E, como o tempo bom e ruim, o sucesso e o fracasso são igualmente parte da vida.

O sofrimento que tudo permeia é nossa luta constante contra o fato de que tudo está completamente aberto, de que nunca sabemos o que irá acontecer, de que nossa vida não está escrita, vai se desenrolando conforme vamos seguindo e há muito pouco a fazer para controlá-la. Vivenciamos essa luta como um persistente murmúrio de ansiedade no pano de fundo da nossa vida. A origem disso está na impermanência de tudo. O universo inteiro está em fluxo. O terreno sólido por onde andamos muda a cada instante.

No entanto, como diz Thich Nhat Hanh, "Não é a impermanência que nos faz sofrer. O que nos faz sofrer é querer que as coisas sejam permanentes, quando elas não são". Podemos continuar resistindo à realidade ou podemos aprender a enquadrar as coisas de um novo modo, vendo a nossa vida como dinâmica e vibrante, uma incrível aventura. Aí sim estaremos verdadeiramente em contato com o frescor de cada momento, quer achemos nosso parceiro perfeito ou não. Se continuarmos abraçando a mudança contínua desse modo, começaremos a perceber o murmúrio da ansiedade aquietando-se e lentamente desaparecendo.

3

Memória passageira

Durante alguns dos retiros que conduzo, recitamos este cântico pela manhã: "Como uma estrela cadente, uma miragem, uma chama de vela, uma ilusão, uma gota de orvalho, uma bolha de água, um sonho, um relâmpago, uma nuvem: veja assim os *dharmas* condicionados". O intuito desse verso é imprimir a impermanência na mente para nos acostumarmos à sua presença em nossas vidas – e assim aprender a ser sua amiga. A expressão "*dharmas* condicionados" refere-se a qualquer coisa que surge: qualquer coisa que começou, está no processo de mudança e em certo ponto irá terminar – em outras palavras, todos os fenômenos. Tudo que está sob o sol tem a qualidade fugaz de uma gota de orvalho ou de um relâmpago. Nos retiros, recomendo às pessoas que memorizem esse cântico para que possam repeti-lo para si mesmas e contemplá-lo enquanto caminham pelos arredores e quando voltarem para casa.

Perceber a natureza fugidia de tudo e o frescor de cada momento equivale a perceber que estamos sempre em estado de transição, um estado intermediário – que chamamos de "bardo". Alguns anos atrás, fui almoçar com Anam Thubten Rinpoche, um professor tibetano que muito admiro. Levei uma lista de perguntas sobre o bardo e *O livro tibetano dos mortos*. Em meio a elas, ele me disse: "Sabe, Ani Pema, estamos sempre no bardo". Trungpa Rinpoche já expressara essa visão, mas eu queria ouvir a explicação de Anam Thubten, então retruquei, "Bem, Rinpoche, nós dois estamos aqui sentados almoçando. De que modo isso é o bardo?"

Já escrevi sobre isso, mas a resposta dele me impressionou tanto que merece ser repetida. "Hoje de manhã", ele disse, "fui a uma loja de materiais de arte com um amigo para comprar tinta, pincéis e papel para caligrafia. Agora essa experiência parece uma vida passada, toda uma vida por si só. Teve um início, que foi como nascer. Depois durou por algum tempo e passou por diferentes fases: dar uma olhada pela loja, pegar os suprimentos, pagar a conta. Então meu amigo e eu saímos e aquela vida chegou ao fim. Agora tudo aquilo não passa de uma lembrança e aqui estou almoçando com você, aproveitando outra vida. Em breve esta vida chegará ao fim e se tornará outra lembrança. E esse processo de começos e fins, nascimentos e mortes, nunca cessará. Vai seguir e seguir, para sempre".

Estamos sempre num bardo porque a impermanência nunca tira folga. Nunca há um momento em que não estejamos em transição – e, acredite ou não, esta é uma boa notícia. Os elementos que produzem este momento único da sua vida vieram a ser em algum ponto; em breve esses elementos irão se dispersar e essa experiência vai acabar. Agora mesmo, você pode estar sentado na poltrona lendo este livro ou dirigindo seu carro e escutando a versão em áudio. Onde quer que esteja, a luz tem sua qualidade particular, você está sentindo odores específicos e ouvindo sons em segundo plano. Uma hora atrás é provável que estivesse fazendo algo bem diferente, algo de que só parcialmente recorda. Daqui a uma hora, esta experiência em curso também será uma lembrança. Estamos sempre num estado entre o passado e o futuro, entre a memória do que aconteceu antes e a experiência que se aproxima, que logo também será uma memória.

Meu almoço daquele dia com Anam Thubten nunca mais acontecerá. Mesmo que a gente almoce outra vez no mesmo lugar, coma a mesma refeição e converse sobre os mesmos assuntos, nunca poderemos recriar o que aconteceu da última vez. Aquela hora se foi para sempre.

Contemplar a mudança contínua é uma experiência comovente. Pode ser triste ou assustadora. Às vezes, quando estou num longo retiro e todos os dias faço praticamente a mesma coisa, de repente me dou conta: 'É domingo de novo? Como pode? Acabou de ser domingo!". Eu quero que o tempo vá mais devagar. Sua velocidade simplesmente me deixa sem fôlego. Essa sensação é especialmente forte em minha idade avançada. Quando me lembro da infância, o verão era bem longo. Agora acaba num piscar de olhos. É bom assimilar essa sensação. É preciso sentir e permitir a entrada dessa sensação vulnerável e delicada.

Quando refletimos sobre a passagem do tempo e o desvanecer de todas nossas experiências é natural sentir tristeza ou ansiedade. Nas palavras evocativas de Trungpa

Rinpoche, todas as nossas experiências são "memória passageira". Perceber como morte e perda ocorrem continuamente pode ser de partir o coração, perceber que estamos sempre num intervalo pode causar incerteza, mas esses sentimentos não são sinal de algo errado. Não precisamos afastá-los. Não precisamos rotulá-los como negativos e de modo algum rejeitá-los. Em vez disso, podemos abrir o coração para nossas emoções dolorosas em relação à impermanência. Podemos aprender a observar esses sentimentos, a ficar curiosos sobre eles, a ver o que a vulnerabilidade tem a oferecer. É bem naquele medo, naquela melancolia, que se encontra nosso coração compassivo, nossa sabedoria imensurável, nossa conexão com todos os seres vivos deste planeta, cada um dos quais passando por seus próprios bardos. Quando ficamos presentes com nossa experiência transitória e tudo que sua fugacidade evoca, entramos em contato com nosso eu mais corajoso, com nossa natureza mais profunda.

No retiro sobre o bardo em Gampo Abbey, uma das alunas tinha uma maneira profunda e corajosa de lidar com esse tipo de tristeza e desconforto. "Estar no intervalo é desconfortável", ela dizia. "A sensação é de não estar onde se quer. Mas na verdade acho que é precisamente onde se quer estar. A gente quer encontrar um jeito de repousar com isso, o que requer muita coragem, intenção e compromisso."

O que ela disse capta o espírito do treinamento para abraçar a impermanência. Em vez de ver nossa tristeza como problema, podemos enxergá-la como um sinal de que estamos no caminho certo. Estamos começando a entender a atitude ou a qualidade do motivo pelo qual não gostamos de conviver com a ausência de chão. Estamos provando diretamente nossa resistência ao fluxo contínuo da vida.

Se continuarmos nos acostumando a ficar presentes com esse fluxo, gradativamente desenvolveremos a confiança de que somos grandes o suficiente para acomodar a tristeza. Iremos aos poucos aprender a confiar na realidade em vez de esperar pelo "sucesso". É uma questão de treinamento, de fortalecer um músculo diariamente. A prática dessa nova abordagem à nossa existência nos capacitará a encarar o que quer que aconteça – desejado ou indesejado, saúde ou enfermidade, vida ou morte – com alegria e graça.

4

Como vivemos é como morremos

Minha amiga Judith tinha uns trinta anos, era casada, tinha dois filhos pequenos e foi de partir o coração quando ela recebeu o diagnóstico de câncer terminal. Inicialmente, ela passou pelos clássicos estágios que antecedem a aceitação da morte: negação, raiva e assim por diante. Então, a família decidiu se mudar para uma cidadezinha do Colorado, perto de onde Judith havia se criado. Alugaram uma casa e toda a família, além de uma boa amiga, reservou um tempo para ficar ao seu lado e lhe dar apoio. As crianças continuaram a frequentar a escola, mas à parte disso, seu foco principal era a mãe. Todos falavam livremente sobre a morte e por sorte Judith teve tempo para se acostumar ao fato de que iria morrer. Ela leu e contemplou os ensinamentos do bardo, se familiarizou com os estágios do morrer e com a ideia de que a morte acontece a todo momento. Com o passar do tempo, foi ficando cada vez mais feliz. "Não faz nenhum sentido", ela dizia. "Meus filhinhos estão aqui brincando e eu estou imensamente feliz".

Quando a doença piorou, ela teve um edema pulmonar e tinha que dormir numa poltrona reclinável. Certa manhã, ela estava na poltrona, totalmente relaxada, com o marido e os amigos em volta. De repente, apontou para a própria boca. Eles perguntaram se ela queria água, mas ela fez que não. Depois de alguns palpites, seu marido perguntou, "Você está dizendo que não consegue falar?" Ela assentiu. Depois apontou para os olhos. Novamente, eles deram alguns palpites antes de perceber que ela não conseguia enxergar. O marido imediatamente chamou o médico. Mas ela só ficou lá, reclinada, feliz e sorridente, o mais calma possível. Ela sabia que estava morrendo e assim se foi. Foi capaz de deixar que a impermanência se desdobrasse sem resistir. Antes que adoecesse, ninguém poderia imaginar que ela partiria de maneira tão suave – aquela jovem ruiva, impetuosa, de língua afiada. Mas, no final, ela atravessou tudo lindamente. Eu gostaria de morrer assim.

Se você testemunhou mais de uma pessoa na hora da morte, sabe como o fim pode ser diferente para cada pessoa. Já vi algumas partirem felizes, sem se debaterem, como Judith. São capazes de simplesmente fluir. Também estive com alguém que resistiu até o último instante, praticamente gritando todo o tempo. Foi uma experiência assustadora. Ver aquilo me fez pensar: "Se houver algo que eu possa fazer agora para me preparar, quero fazer".

Não tenho certeza do que acontece após a morte, mas uma coisa eu sei, não quero morrer como se alguém estivesse me empurrando para uma cova escura. Por esse motivo, tenho me esforçado muito ao longo dos anos em praticar para a minha inevitável morte. A ideia do renascimento faz sentido para mim e quando me perguntam se acredito nisso, digo que sim. Mas gosto de acrescentar: "Se não for verdade, estou pronta".

Por outro lado, podemos achar que estamos prontos, mas nunca vamos saber até que a hora chegue. Alguns anos atrás fiz um teste de realidade virtual para ver como me sairia em várias situações amedrontadoras. Foi tudo bem com voar. Não tive maiores problemas com répteis e aranhas. Mas há uma simulação em que você sobe uns quarenta andares de elevador e quando a porta se abre você pisa numa tábua que está no ar. Depois, tem que andar um pouco por ela e saltar. Fora da simulação, eu estava na salinha de uma universidade pisando numa tábua fixa no piso, mas as palmas das minhas mãos suavam tanto que eu mal conseguia segurar os controles que devia operar. Eu seguia em frente como se realmente estivesse no alto do quadragésimo andar e quando cheguei ao ponto de ter que saltar, fiquei paralisada. Após um tempo constrangedoramente longo, consegui dar o salto, que na realidade era de uns dois centímetros do piso.

Agora eu gostaria de voltar e andar naquela tábua, não porque tenha sido a mais divertida das experiências, mas porque poderia me ajudar no preparo para a morte. Na próxima vez, eu diria a mim mesma: "Você está a menos de dois centímetros do chão. Quando pisar fora da tábua, não vai acontecer nada, mesmo parecendo que está no alto do quadragésimo andar e há todos aqueles carrinhos lá embaixo. Esse é um bom teste. A ausência de chão que você está sentindo neste instante é semelhante a que sentirá quando morrer. É melhor ir se acostumando desde já."

Não gostamos de incerteza, insegurança e ausência de chão. Não procuramos a vulnerabilidade e a crueza. Esses sentimentos nos deixam desconfortáveis e fazemos o possível para evitá-los. No entanto, esses estados mentais estão sempre conosco, se não de forma evidente, pelo menos de modo sutil, como um pano de fundo. Até certo ponto, sempre sentimos que estamos pisando numa tábua do lado de fora do quadragésimo andar. Esse é o sofrimento que tudo permeia, conforme descrito pelo Buda.

Em vários pontos das nossas vidas, experimentamos agudamente a ausência de chão. Mudamos para outro lugar, nossos filhos saem de casa ou de repente recebemos más notícias. Ou então uma enchente, um furacão ou um incêndio varre toda nossa vida em poucas horas. Ou talvez tenhamos que deixar nosso país, como aconteceu com os tibetanos e como inúmeras pessoas estão fazendo agora. Viramos refugiados, levando somente o que conseguimos carregar e talvez nem isso. Às vezes, a situação é totalmente inesperada. Do nada, perdemos nossa casa, nossa terra natal, nossos costumes e tradições. E aí? A vida continua, e nos encontramos num novo espaço, um espaço de muita vulnerabilidade.

Minha experiência mais intensa da ausência de chão foi bem menor em comparação ao que está acontecendo com tanta gente hoje em dia. Contudo, puxou radicalmente meu tapete da vida como eu a conhecia. Foi há décadas, quando de repente meu marido anunciou que estava me deixando. Num momento eu estava num casamento de longa data, no próximo não estava mais. Por algum tempo, perdi completamente o rumo e não sabia mais quem eu era. Já contei essa história diversas vezes porque foi o ponto de virada na minha vida e que me levou ao caminho espiritual. Por mais que quisesse que as coisas voltassem a ser como antes, intuí que havia recebido um grande presente.

Por pior que me sentisse, continuava achando comigo mesma que na verdade essa era a chance da minha vida. Algo simplesmente desapareceu em mim, deixando-me num lugar fértil, tremendamente significativo, onde tudo era possível e eu poderia seguir em qualquer direção desejada. Foi quase como voltar aos vinte anos, quando sentimos que temos todas as possibilidades do mundo à frente. É claro, vacilei por um tempo entre essa sensação de possibilidades ilimitadas e o forte desejo de voltar ao familiar. Mas, nesse caso, não havia como as coisas serem como antes. Minha única opção foi seguir adiante, com o máximo de coragem que consegui reunir, rumo ao desconhecido.

Transições abruptas e chocantes podem virar nosso mundo de ponta-cabeça, mas nenhuma experiência de ausência de chão é tão poderosa e perturbadora quanto o fim da nossa vida. Se nosso objetivo for o de encarar a morte com a mesma calma de Judith, devemos ver as outras convulsões da nossa existência como "a chance de uma vida". Grandes deslocamentos e reveses expõem a verdade subjacente a toda nossa experiência – que nada há de confiável a que se agarrar e que nosso senso de uma realidade sólida e estável não passa de ilusão. Toda vez que nossa bolha estoura, temos a chance de nos acostumarmos mais com a natureza das coisas. Se pudermos ver essas crises como oportunidades, estaremos numa boa posição para encarar o fim da vida e estar abertos a qualquer coisa que possa acontecer depois.

Como vivemos é como morremos. Para mim, essa é a mensagem mais fundamental dos ensinamentos do bardo. O modo como lidamos com as pequenas mudanças agora é um sinal de como iremos lidar com as grandes mudanças mais tarde. O modo de nos relacionarmos com as coisas se desfazendo agora prevê o modo como nos relacionaremos com as coisas se desfazendo quando morrermos.

Mas não precisamos esperar por transições imensas para nos forçar a reconhecer a ausência de chão. Podemos começar imediatamente notando a natureza transitória de cada dia e cada hora, numa reflexão sobre as palavras de Anam Thubten sobre como estamos continuamente passando por fins e começos, por uma minivida após outra.

Ao mesmo tempo, podemos trabalhar com nosso medo e ansiedade geral pelo fato de não estarmos no controle. Na maior parte do tempo, preferimos ficar com a ilusão de controle e certeza a reconhecer que vida e morte são sempre imprevisíveis. Na verdade, muitas vezes me perguntei: "Será realmente um problema termos tão pouco controle? Será um problema que ao planejarmos nosso dia, ele raramente acontece como previmos? Será um problema que todos os planos sejam escritos na água?" Quando chegou a Covid, eu tinha o ano inteiro planejado e, como aconteceu com milhões de pessoas, todos meus planos foram apagados de repente, como palavras num quadro negro.

Ao longo dos anos, as pessoas dizem pequenas coisas que nos causam um grande impacto. Certa vez alguém me disse, quase de passagem: "A vida tem sua coreografia natural". Pensei nisso por muito tempo e comecei a acessar essa coreografia natural e experimentar deixá-la fazer o seu trabalho. Descobri que na maioria das vezes, quando deixo as coisas fluírem, essa coreografia engendra algo muito mais inspirado, criativo e interessante do que qualquer coisa que minha mente conseguiria produzir.

Confiar na coreografia natural da vida é outro modo de falar sobre confiar na realidade. Podemos começar a desenvolver essa confiança nos permitindo pequenos gestos de soltar. Quando ensino, por exemplo, experimento permitir que as coisas simplesmente se desenrolem. Antes de dar as palestras que acabaram neste livro, passei um bom tempo lendo e pensando sobre os bardos e fiz várias anotações. Mas quando cheguei ao retiro, na hora de falar diante das pessoas, deixei para trás as anotações e fiquei até curiosa para saber se as palavras chegariam a sair da minha boca. Descobri que meus ensinamentos fluem melhor se eu simplesmente der um passo no espaço aberto e saltar.

Se experimentarmos, com o melhor de nossa habilidade atual, deixar as coisas se desdobrarem naturalmente, acho que ficaremos agradavelmente surpresos. Seguimos em frente e fazemos nossos planos, mas sempre abertos a vê-los mudar. Em consequência, nossa insistência na previsibilidade pode gradualmente enfraquecer. Às vezes, nosso velho hábito ainda se mostrará muito sedutor e ficará quase impossível confiar na coreografia natural. Nesses casos, o melhor conselho que recebi é apenas observar a tendência a controlar, e assumi-la com gentileza. Isso é muito diferente de irrefletidamente querer encurralar tudo, sem consciência do que estamos fazendo e sem noção de seu absurdo. Trata-se apenas de constatar nosso hábito e não nos criticarmos por ele. Esse tipo de autorreflexão também nos proporciona empatia por todas as pessoas que querem tanto estar no controle – ou seja, quase todo mundo neste planeta.

Habituarmo-nos à ausência de chão da vida, um pouco a cada dia, pagará grandes dividendos em seu final. De algum modo, apesar de sua presença incessante em nossa existência, ainda não nos acostumamos à mudança contínua. A incerteza que acompanha cada dia e cada momento ainda é uma presença estranha. Conforme contemplamos esses ensinamentos e prestamos atenção ao fluxo constante e imprevisível de nossa experiência, talvez comecemos a nos sentir mais relaxados com as coisas como elas são. Se pudermos trazer esse relaxamento para o nosso leito de morte, estaremos prontos para o que quer que aconteça a seguir.

5

A dissolução das aparências desta vida: o bardo do morrer

Quando as aparências desta vida se dissolverem,
Que eu possa, com tranquilidade e grande felicidade,
Soltar todos os apegos a esta vida
Como um filho ou uma filha voltando para casa.

Sempre achei esses versos de Dzigar Kongtrul Rinpoche muito poderosos, especialmente a imagem do filho ou da filha voltando para casa num estado de tranquilidade e grande felicidade. Referem-se ao processo de morrer, ao período entre o momento em que sabemos que estamos indo e o último suspiro. Ensinei essa prece a muitas pessoas no final de suas vidas, inclusive a uma monja em Gampo Abbey, que a repetiu várias vezes enquanto morria. Eu posso muito bem fazer o mesmo.

O que significa a dissolução das aparências desta vida e como isso pode se tornar uma experiência de alegria e paz? Na cosmovisão tibetana, nossos corpos se compõem de cinco elementos: terra, água, fogo, ar e espaço. O elemento terra é representado por tudo que é sólido no corpo: ossos, músculos, dentes, etc. O elemento água refere-se aos vários fluidos, como sangue, linfa e saliva. O elemento fogo é nosso calor corporal. O elemento ar é nossa respiração. O elemento espaço refere-se às cavidades dentro do organismo, todos os espaços abertos. Existe também um sexto elemento, não físico, que entra em jogo: a consciência.

Segundo *O livro tibetano dos mortos*, esses elementos se dissolvem uns nos outros, desde o mais denso até o mais sutil, durante o processo de morrer. Essa descrição pode nos parecer estranha ou antiquada mas quem trabalha com cuidados paliativos me contou que também reconhece esses estágios em seus pacientes. Vou descrever a progressão tradicional ao mesmo tempo reconhecendo que tanto os cuidadores paliativos quanto os professores tibetanos relatam que, como em outros estágios da vida, a ordem da dissolução varia entre os indivíduos. Isso, também, é imprevisível.[1]

Primeiramente, o elemento terra se dissolve no elemento água. A pessoa que está morrendo se sente pesada e pode até dizer: "Sinto que estou afundando. Você pode me levantar?" Ao mesmo tempo, a visão começa a enfraquecer. A seguir, o elemento água se dissolve no elemento fogo. Os fluídos começam a secar. A pessoa em fase final de vida sente muita sede e com frequência pede algo para beber. Não consegue reter os líquidos. Nossa audição também começa a falhar. Então, o elemento fogo se dissolve

---

[1] Uma tabela que resume os estágios da dissolução e suas qualidades encontra-se no apêndice C, na página 223.

no elemento ar e sentimos frio. Não importa a temperatura da calefação nem a quantidade de cobertores, não conseguimos nos aquecer. O próximo estágio é a dissolução do elemento ar na consciência. Respirar torna-se cada vez mais difícil. Nossa expiração se prolonga e nossa inspiração encurta. Ocorrem grandes intervalos entre as respirações. Finalmente, após algumas longas expirações, a respiração cessa. Como disse Trungpa Rinpoche: "Você expira e continua em frente. Não inspira mais."

Nesse ponto, todas as percepções sensoriais comuns cessaram. Todos os pensamentos, emoções, padrões habituais e neuroses também cessaram. Tudo que obscurecia nossa verdadeira natureza se foi. Tudo que considerávamos "eu" se foi. As aparências desta vida se dissolveram, e retornamos à simplicidade natural da nossa verdadeira natureza.

Segundo a medicina ocidental, a pessoa está morta. A vida acabou. Os ensinamentos budistas, porém, consideram que um processo interno, conhecido como "dissolução interna", continua. Nessa dissolução final da nossa existência, o elemento da consciência se dissolve no espaço. Esse processo também é imprevisível, mas dizem que em geral dura cerca de vinte minutos. Por isso, os ensinamentos recomendam deixar o corpo como está, sem tocá-lo ou movê-lo, por pelo menos esse período de tempo e, preferencialmente, muito mais.

A dissolução interna nos oferece uma chance incrível, se estivermos preparados para ela. Consta que ocorre em três estágios, nos quais passamos por três fortes experiências com cores. No início, a luz de todo o ambiente fica branca, como um céu sem nuvens iluminado pela lua cheia. Depois, percebemos um avermelhado, como o céu no poente. Enfim, vem o preto, como uma noite de lua nova sem estrelas. Nesse ponto caímos num estado apagado de inconsciência e o processo de dissolução está completo.

Segundo os ensinamentos, na sequência, um eu desprovido de ego recupera a consciência e a mente é experimentada de um modo completamente nu, desobstruído. Muitas vezes, referem-se a isso como "a mente da clara luz da morte". Dura apenas um instante, mas, como veremos, preparar-se para essa experiência pode fazer todo o ciclo de nascimento e morte entrar em curto circuito e provocar o despertar completo bem ali. Essa oportunidade é considerada tão preciosa que todos os meus principais professores enfatizaram que preparar-se para ela é um dos empreendimentos mais importantes da vida.

Verificar como tal coisa é possível requer certa compreensão da essência mais profunda da mente. Ao falarmos sobre a mente desperta, costumamos usar adjetivos como "completamente aberta", "não obstruída", "imparcial" e "infinita". Mas a coisa mais impressionante é que essas palavras também se aplicam à *sua* mente – assim como à mente de seu primo, seu patrão, seu vizinho irritante, à mente de todo mundo.

Tradicionalmente, essa mente desperta universal é comparada ao céu. Visto de nossa perspectiva no solo, o céu aparece claro em alguns dias e encoberto noutros. Entretanto, não importa o quanto esteja nublado e escuro, se estivermos lá em cima num avião, veremos que o vasto céu azul está, e sempre esteve, bem ali – o dia todo, todos os dias.

Para muitos de nós, quando se trata dessa mente semelhante ao céu, o tempo parece estar predominantemente nublado. Em vez de estarmos despertos ao esplendor do mundo fenomenológico e seu fluxo contínuo de nascimento e morte, vivemos numa versão da realidade em que estamos quase sempre distraídos e perdidos em pensamentos. Não estamos sintonizados no fato de que tudo – desde nosso ambiente até nossos entes queridos e nossos próprios corpos – muda a todo instante. Não enxergamos como nossas emoções e enredos não têm substância real, como são efêmeros feito a bruma.

Esses pensamentos e emoções nos parecem tão sólidos que podem encobrir completamente a claridade da mente. Mas de vez em quando uma brecha se abre entre as nuvens e conseguimos vislumbrar o céu azul. Isso geralmente acontece quando algo inesperado interrompe nossos mecanismos mentais habituais. Na década de 1980, por exemplo, eu estava andando por uma rua de Boulder, no Colorado, vestindo meu manto bordô, completamente absorta em meus pensamentos. Um carro cheio de rapazes universitários passou por mim e um deles abriu a janela e gritou: "Arrume um emprego!" (Foi especialmente desnorteante porque, afinal, eu estava indo para o trabalho.) Por um instante, minha mente habitual parou e eu experimentei tudo de um modo completamente novo, fresco. Graças àqueles garotos, experimentei uma enorme brecha entre as nuvens.

Vislumbres do céu podem chegar até nós de diversas maneiras, mas geralmente envolvem uma experiência de ausência de chão. O som de uma explosão nos assusta e desorienta. Quase escorregamos no gelo. Recebemos uma notícia inesperada – muito ruim ou muito boa. Do nada, nossa mente para e olhamos para fora e há um mundo vívido, atemporal.

Geralmente não sabemos como aproveitar esses breves clarões de *insight*. Mas se tivermos um vislumbre do grande céu por um rápido momento que seja, poderemos aprender a valorizar essas experiências e começar a cultivá-las. Pode-se dizer que esse é um dos principais propósitos da meditação: desacelerar o suficiente para perceber que sempre há brechas em nossa experiência densa e lotada de pensamentos – e nos familiarizarmos com essas brechas como vislumbres da natureza não fabricada e não conceitual da mente.

Desse modo, lentamente percebemos que nossa mente é sempre aberta e infinita. Mas mesmo quando não estamos conscientes disso, ela nunca foi a lugar nenhum e podemos nos reconectar com ela a qualquer momento. Com a ajuda da prática de meditação, começamos a realmente compreender que as nuvens são impermanentes e que o céu está sempre lá. Como disse Trungpa Rinpoche certa vez: "No início é quase preciso ser atropelado por um caminhão para despertar, mas, depois de algum tempo, basta o vento soprar a cortina".

Segundo os ensinamentos do bardo, o processo de dissolução durante o morrer pode ser visto como o processo de nuvens se desfazendo e indo embora. Conforme cada estágio se desenrola, a partir da dissolução do elemento terra em diante, as nuvens vão se dispersando cada vez mais. Tudo se desfaz: nosso corpo, nossas percepções sensoriais, nossas emoções, nosso processo mental. É claro, isso pode ser desestabilizador e assustador. Porém, se praticarmos a familiarização com a dissolução contínua que ocorre durante a vida, o ciclo contínuo de mortes e renascimentos, talvez sejamos capazes de entrar sem medo na experiência do morrer, prontos para encarar o que possa vir. Quando a ausência de chão se tornar um território familiar para nós, a ausência de chão última da morte não parecerá mais tão ameaçadora.

Podemos então experimentar o fim desta vida como uma dissolução no estado desperto. Através dos estágios de dissolução, todas as nuvens desapareceram, revelando o céu imaculado da mente em toda sua clareza. Aqui temos uma chance importante, a chance de reconhecer essa consciência vasta, semelhante ao céu, como nossa própria natureza inata e depois nos soltar e relaxar nesse estado, como uma criança voltando para casa.

Para a maioria das pessoas, no entanto, essa oportunidade vem e vai num piscar de olhos. Todos, sem exceção – até o menor dos insetos –, têm uma experiência fugaz da abertura infinita da consciência, mas dizem que muito poucos a reconhecem. Portanto, ela passa despercebida. Uma das principais razões da existência de *O livro tibetano dos mortos* e de outros ensinamentos do bardo é preparar as pessoas para reconhecerem o que está acontecendo durante o processo de morte, de modo que possam reconhecer as oportunidades quando surgirem. Como veremos em outros capítulos, a hora da dissolução não é nossa única chance de alcançar a iluminação durante o processo de morte. Para nossa sorte, mesmo no bardo, nunca é tarde demais para tentar de novo.

6

A história de Mingyur Rinpoche

Para tornar o tópico da dissolução um pouco menos esotérico, gostaria de contar a história de alguém que de fato *estava* preparado, por meio do estudo e da prática, a reconhecer e vivenciar o processo de dissolução durante uma experiência de quase morte. Esta história foi relatada por Yongey Mingyur Rinpoche em seu livro *Apaixonado pelo mundo: a jornada de um monge pelos bardos do viver e do morrer*.

Mingyur Rinpoche, um professor muito popular de uma ilustre família de mestres tibetanos, era o abade de um monastério em Bodhgaya, na Índia, o lugar onde o Buda atingiu a iluminação. Em seus primeiros 36 anos de vida ele foi protegido e privilegiado. Na infância, foi identificado como um *tulku*, a reencarnação de um professor iluminado. Seu pai, o grande mestre de meditação Tulku Urgyen Rinpoche, o criou não só como filho, mas também como aluno. Em casa, no Nepal, seus pais o enchiam de amor e afeto e nunca o deixavam sair sozinho. Mesmo quando saiu de casa para iniciar seus estudos formais, ele sempre estava protegido por sua função e status, algo que teve continuidade na vida adulta. Antes dos 36 anos, ele nunca havia saído sozinho em toda a vida.

Então, em junho de 2011, ele levantou no meio da noite e deixou o monastério para embarcar num retiro itinerante que duraria mais de quatro anos. Já tinha feito muitos retiros antes, inclusive um de três anos, mas todos haviam acontecido em mosteiros ou eremitérios. Desde jovem ele sonhava com um retiro itinerante; havia muito se inspirava nas histórias dos ascetas que viviam livre e espontaneamente, aceitando qualquer alimento ou abrigo que houvesse pelo caminho.

Ele levou apenas dois textos budistas, um pouco de dinheiro e as roupas que estava usando. Ninguém estava a par desse seu plano. Quando o assistente foi ao quarto dele na tarde seguinte, encontrou uma carta de despedida na qual Mingyur Rinpoche expressava o desejo de seguir o exemplo dos iogues itinerantes do passado, como Milarepa, que passou a maior parte da vida meditando em cavernas remotas e locais sagrados. E para dar continuidade à orientação de seus alunos, Mingyur Rinpoche havia deixado um curso bem organizado de estudos, usando instruções simples de meditação, assim como centenas de horas de ensinamentos gravados.

Antes de deixar o monastério, sua visão do retiro tinha um toque romântico: cavernas, belos lagos e agradáveis viagens de trem. Seu único plano era pegar o primeiro trem para Varanasi, a antiga cidade à beira do Ganges, onde há milhares de anos hindus e budistas realizam suas práticas espirituais. Mas antes, ele precisou descobrir como comprar uma passagem de trem, pois nunca tinha feito isso. Ao entrar no compartimento mais barato do trem, ele teve uma experiência acachapante de aversão. Estava incrivelmente lotado; todos cheiravam mal e tinham má aparência; dava para ver os piolhos no cabelo das pessoas. Ninguém respeitou seu manto budista; ele foi empurrado como qualquer outro.

Mas ele continuou dizendo a si mesmo que era isso que queria: que tudo se desfizesse e que seu modo normal de ser deixasse de operar. Ele queria testar sua prática em meio a tudo aquilo. E o que me inspira tanto é que ele não estava passeando calmamente pela experiência. Rinpoche foi dominado por medo e aversão, assim como você e eu sentiríamos. Utilizou-se de todas as práticas que havia recebido, sem ligar se eram para "iniciantes" ou "avançados". Em qualquer situação que surgisse, ele fazia o possível para estar presente e trabalhar com sua mente, mesmo se sentindo enojado ou temeroso ao ponto de quase não aguentar.

Algum tempo depois daquela viagem de trem, ele foi para Kushinagar, o lugar onde o Buda morreu. Passou a maior parte do tempo meditando num parque em homenagem ao falecimento do Buda. Por um tempo ele teve dinheiro para ficar numa pousada e comprar comida de rua, mas quando o dinheiro acabou, teve que dormir ao relento e mendigar. Durante essa transição, ele trocou o manto bordô budista pelo de cor de açafrão dos *sadhus*, os renunciantes hindus. Essa mudança era uma parte importante daquele caminho rumo ao desconhecido. O manto budista sempre o protegera, lhe dera um senso de identidade e ele queria ir além de todos esses pontos de referência – com nada ao que se agarrar e sem se esconder atrás de coisa alguma.

Mendigar foi muito difícil para ele. Ter que pedir comida para alguém contrariava todo seu ser. O primeiro lugar em que mendigou foi numa banca de comida que havia frequentado regularmente. O gerente notou sua mudança de roupas e disse: "Quer dizer que agora você é hindu!" Então lhe disse sem rodeios para voltar à noite, quando eles deixavam do lado de fora todos os restos dos pratos para os pedintes. Ele passou a maior parte do dia meditando sobre seu constrangimento, usando os ensinamentos para trabalhar com aquela emoção e ao voltar à banca, estava pronto para aceitar os restos. Estava com tanta fome que gostou mais daquela refeição do que de qualquer coisa que havia comido num hotel cinco estrelas.

A primeira noite que dormiu ao relento foi perto da Estupa da Cremação, um monte de terra que contém as relíquias da cremação do Buda. Ele não conseguiu dormir por causa dos mosquitos e ao amanhecer começou a sentir cólicas estomacais. Quando meditava no dia seguinte, começou a ter diarreia e à noite estava vomitando.

Quando as coisas pioraram nos dias seguintes, ele se deu conta de que estava morrendo. O primeiro sinal reconhecido foi o elemento terra se dissolvendo em água. Começou a se sentir tão pesado que tinha a impressão de estar sendo puxado para o subterrâneo. Outro sinal de dissolução foi a vista embaçada. Depois sentiu a falta de saliva na boca. Embora estivesse muito desidratado para eliminar os líquidos, ele entendeu que o elemento água se dissolvia. Naquele instante, pensou: "Está acontecendo. Esta é minha grande chance." (Dá para imaginar uma atitude tão destemida?) Então ele sentiu muito frio, mas como o tempo estava quente, entendeu isso como um sinal inequívoco da dissolução do elemento fogo. Conforme o elemento ar se dissolvia na consciência, ele sentia que estava inflando como um balão cada vez que inspirava.

Ainda tinha a noção de si mesmo como o indivíduo que passava por aquela experiência. Ainda havia uma sensação de "Mingyur Rinpoche" observando e acompanhando o que acontecia. Porém, como ele descreveu, sua mente conceitual estava "se esgotando". E ao mesmo tempo sua verdadeira natureza tornava-se cada vez mais vívida. Até que ele quase apagou e clarões brancos e vermelhos apareceram para sua mente.

O que ocorreu em seguida estava além de qualquer coisa que ele já tivesse experimentado. Após o fato, lhe foi quase impossível descrever em palavras, mas seu livro nos dá o sabor da coisa. Ainda havia uma consciência luminosa, mas não era nada conceitual. Não havia eu e o outro, nem dentro e fora, nem tempo, nem direção, nem vida, nem morte. E ao mesmo tempo, tudo era feito de amor. As árvores, as estrelas, o mundo inteiro era feito de amor.

Antes dessa experiência, ele passara muito tempo meditando na natureza da mente semelhante ao céu, portanto, até certo ponto, estava preparado. Seus anos de treinamento possibilitaram seu entendimento do que acontecia. Mas o reconhecimento da natureza de sua mente nunca fora tão completo.

Mais tarde, seu cálculo foi de ter ficado naquele estado por umas cinco horas. Ele sabe que estava escuro quando entrou nessa fase não conceitual e claro quando se reanimou. Mas esse "reanimar-se" não ocorreu do modo comum de quando alguém desmaia e depois recupera a consciência. Se alguém o visse, provavelmente acharia que estava desmaiado. Contudo, num sentido mais profundo, estava desperto o tempo todo – desperto na consciência livre de nuvens, na mente aberta universal.

Finalmente, ele voltou ao corpo. Não foi uma decisão própria; não havia noção de "eu" envolvida. Mas de algum modo houve um movimento mental, baseado no reconhecimento de que seu trabalho como professor não estava concluído.

Ele se sentiu reentrando no corpo. A respiração retornou e o corpo se aqueceu. Ao abrir os olhos, tudo parecia transformado. As árvores estavam verdes como sempre, mas brilhavam. Ele ainda estava muito desidratado, então se levantou e foi até uma bomba de água. Depois, realmente desmaiou e ao acordar estava num hospital com um cateter de soro no braço. (Como chegou lá é outra história fascinante, que se encontra no livro de Mingyur Rinpoche.)

Portanto, essa é a história de alguém que realmente passou pelo processo de dissolução dos elementos e experimentou a dissipação das nuvens para revelar o vasto céu infinito de sua mente. Mingyur Rinpoche voltou, é claro, portanto não pode nos contar o que teria acontecido a seguir caso tivesse ficado. Assim mesmo, essa história ilustra o poder e a importância de treinar continuamente para nos mantermos abertos e nos familiarizarmos com a perpétua transitoriedade da vida.

Desde a noite em que deixou o monastério e através de cada experiência que teve com o passar dos quatro anos seguintes em retiro itinerante, ele tentou viver plenamente no extraordinário fluxo de nascimento e morte. Sua experiência de quase morte foi apenas uma parte desse fluxo, e assim que se restabeleceu (o que foi antes do que o médico considerou restabelecimento), ele voltou a se aventurar no completo desconhecido, sem nenhuma outra segurança além de sua mente vasta como o céu. Para mim, nada sobre a prática do Dharma é mais inspirador do que ver como ela leva a tal destemor.

7
———

Luminosidade-mãe e luminosidade-filha

Um modo tradicional de descrever a dissolução final desta vida – consciência se dissolvendo no espaço – é em termos da "luminosidade-filha" encontrando a "luminosidade-mãe". A luminosidade-filha é a experiência da natureza de nossa mente, semelhante ao céu, com a qual podemos nos familiarizar pelo treinamento. Na tradição budista tibetana, um professor introduz essa natureza ao aluno e dá instruções de como cultivar e estabilizar a experiência da mente aberta e desimpedida. Esses ensinamentos e práticas são formulados para desenvolver confiança na luminosidade-filha. Foi assim que Mingyur Rinpoche passou muitos anos de sua vida e por isso estava tão preparado para morrer.

A luminosidade-mãe – também conhecida como "luminosidade da base" – é a natureza suprema da realidade, que não difere da nossa própria natureza. É o espaço infinitamente aberto da consciência que abarca tudo e todos. É a bondade fundamental do universo, imbuída de compaixão e sabedoria. E o que acho tão inspirador é que pessoas como você e eu sempre podemos nos conectar com ela. Contudo, embora esteja continuamente presente, só nos é revelada em sua totalidade no final do processo de dissolução – e somente se a reconhecermos.

Estando bem preparados pelo treinamento na luminosidade-filha, reconheceremos nossa mãe quando ela mostrar sua face. Então, como uma criança pequena que ficou o dia todo com a babá, sairemos naturalmente correndo para nos reunirmos com nossa mãe. Costumo recitar uma prece sobre os bardos que diz: "Que eu seja liberada com a naturalidade de uma criança que corre para o colo da mãe".

A luminosidade-filha pode ser comparada ao espaço dentro de um vaso e a luminosidade-mãe ao amplo espaço do lado de fora. Embora os espaços interior e exterior estejam separados pelo vaso e nos referirmos a eles como se fossem dois espaços diferentes, sua essência é exatamente a mesma. Ambos são simplesmente espaço. Quando o vaso se quebra – análogo à morte – a barreira entre os dois espaços desaparece e eles se fundem em um.

Ao usarmos o termo "luminosidade" para falar da natureza da mente, não nos referimos à luz comum. Luminosidade é a qualidade da mente consciente. É aquilo que conhece. É como sabemos o que estamos vendo, ouvindo, pensando e sentindo, e é como temos o potencial de conhecer nossa verdadeira natureza. Talvez seja mais útil simplesmente chamá-la de "consciência aberta", algo com o qual podemos praticar e nos conectar.

Se nos familiarizarmos com o fluxo contínuo de nascimentos e mortes, os bardos contínuos que formam nossa vida, gradativamente veremos que essa consciência é o pano de fundo de toda experiência. Chega-se ao ponto em que a consciência aberta nos acompanha durante cada começo e cada fim, durante nossos altos e baixos. Não é que ela apareça e desapareça. Está lá, em todas as transições e intervalos. É uma característica permanente da paisagem de nossa mente. Isso pode nos parecer muito remoto agora, mas é nosso direito inato, uma possibilidade que está sempre nos acenando.

Quando tentamos localizar, descrever ou conceituar essa consciência aberta, não conseguimos. Por mais que se procure, nada de identificável é encontrado. E mesmo assim é possível conhecer essa consciência de modo tão íntimo que sempre conseguiremos reconhecê-la, em todas as situações que surgirem, mesmo durante a dissolução do nosso corpo. Esse momento, é claro, é o mais importante de todos.

Na maior parte do tempo estamos muito presos para ficar conscientes dessa abertura – presos em nossos pensamentos e emoções, em nossas esperanças e medos, em nossa resistência geral às coisas como são. Numa analogia tradicional, somos como uma pessoa desesperadamente pobre que se preocupa e luta dia e noite, sem se dar conta de que bem embaixo de sua casa há um depósito de ouro que a libertaria imediatamente da pobreza.

O Buda e outros grandes mestres ensinaram muitos métodos para desvelar nossa mente luminosa. Ao iniciar seus ensinamentos de meditação no ocidente, Trungpa Rinpoche pedia aos alunos para relaxarem e simplesmente repousarem no presente, sem distrações. Se os pensamentos os levassem, eles deveriam retornar ao momento presente. Quando ficou claro que isso era quase impossível para a maioria das pessoas, ele introduziu a prática de se relacionar com a expiração como um objeto, mas com leveza. "Conecte-se com a respiração quando o ar sair e depois solte" – essas foram as primeiras instruções que tive.

As técnicas mais comumente ensinadas envolvem sentar numa posição de meditação, focar num objeto, como a respiração, e usar uma técnica para lidar com os pensamentos que surgem. Essa e a maioria das outras práticas budistas, de uma maneira ou outra, envolvem desacelerar a mente o suficiente para percebermos nossos padrões de pensamento e como eles geralmente capturam quase toda a nossa atenção. Esses métodos ventilam nossa tendência a ficar totalmente absortos em nossos pensamentos, para que possamos nos conectar, repetidas vezes, com o céu por trás das nuvens.[2]

Um método simples de fazer isso, que chamo de prática da pausa, é o seguinte. Você simplesmente para o que estiver fazendo e olha para fora. Pode-se fazer isso praticamente em qualquer momento. Você está andando por aí ou lavando a louça, e então pausa e olha para fora. A pausa interrompe o momentum de ficar completamente absorto em pensamentos. Em vez disso, você desfruta de um vislumbre de frescor, do que Trungpa Rinpoche chamava de "agora" ou "agoridade" [*nowness*]. Talvez não seja

---

[2] Instruções sobre meditação básica e meditação com a consciência aberta encontram-se no apêndice B (páginas 215 a 221).

uma experiência completa do agora, mas esse vislumbre o ensina sobre o contraste entre estar fixado e estar aberto. Você tem um vislumbre da sua verdadeira natureza. Está começando a ter uma noção daquilo que é.

Certa vez, quando eu ensinava esse tópico, alguém perguntou: "Isso vai ficar mais claro e mais óbvio com o tempo?" Ela disse que mesmo tendo ouvido esses ensinamentos e sentado bastante tempo em meditação, não tinha uma noção real do que expressões como "consciência aberta" e "mente semelhante ao céu" significavam. Ela supunha que isso se devia à sua orientação muito conceitual, sempre tentando compreender as coisas.

Pensei um pouco sobre a questão e então disse: "Se vai ficar ou não mais claro, vai depender de você". Conhecer a consciência aberta não costuma ser algo que acontece por si só. É um processo. Muitas pessoas passam anos aprendendo a relaxar o suficiente para ficarem íntimas de sua mente semelhante ao céu. Se estivermos realmente curiosos a respeito do vasto espaço aberto por trás dos nossos padrões habituais de pensamento, se quisermos conhecer o céu por trás das nuvens intimamente, será preciso dedicar tempo a esse empreendimento.

Mas antes de começar, devemos saber que esse não é um projeto para fazer de nossos pensamentos um inimigo. As nuvens vêm e vão sem prejudicar o céu. Da mesma forma, os pensamentos vêm e vão sem prejudicar a nossa mente. Gostemos ou não, os pensamentos continuam vindo. É assim que são as coisas. Não precisamos ver problema nisso. Portanto, em vez de demonizar nossos pensamentos, uma abordagem mais gentil e produtiva é a simples curiosidade. Podemos simplesmente nos perguntar: *O que haverá por trás de tudo isso se de repente eu não estiver pensando? Que experiência terei? O que são esses pensamentos, afinal? São realmente sólidos? São de fato uma ameaça?*

Se você tiver esse tipo de curiosidade, irá naturalmente olhar mais para a situação. Irá estudar, praticar, e a experiência ficará mais clara. Você se lembrará de pausar e interromper o ataque dos pensamentos com mais frequência. Seus pensamentos ficarão gradualmente menos problemáticos. Você desfrutará de momentos de frescor e espaciosidade com mais frequência. E quanto mais se dedicar a esse tipo de investigação, mais claro e mais óbvio ficará seu senso de consciência aberta.

A primeira vez que tive uma experiência mais nítida da abertura de minha mente aconteceu de um jeito engraçado. Foi no dia em que descobri a brecha. Eu estava em um longo retiro em que nos sentávamos no salão de meditação todos os dias, o dia inteiro. Havia um ventilador barulhento no local, mas em pouco tempo eu fiquei tão acostumada a ele que deixei de notar. Eu estava me sentindo miserável. Havíamos recebido ensinamentos sobre a natureza da mente e as pessoas não paravam de falar na "brecha", na "espaciosidade", sem que eu entendesse a que se referiam. Chegou ao ponto de eu sentir que isso era meu segredinho obscuro. Eu estava absorta nessas ideias deprimentes quando de repente o ventilador parou de funcionar por uns três segundos. Então eu entendi: *É isso*! A "brecha", a "espaciosidade" – chame como quiser – estava bem ali. Havia o zumbido do ventilador e em seguida nenhum som: um intervalo. Foi como se alguém tivesse apertado o botão de pausa em minha experiência. Em seguida o zumbido recomeçou. Embora eu não conseguisse apontar para nada específico, reconheci que o espaço aberto tinha sempre estado ali. Foi uma revelação porque foi muito simples.

Pode parecer que tive essa experiência só porque o ventilador parou, mas estive em diversas situações em que um ventilador parou de funcionar e eu continuei me arrastando no meu trem de pensamentos. Isso aconteceu apenas porque eu estava no salão de meditação, querendo muito saber e dando o melhor de mim para seguir as instruções. Em retrospectiva, durante todo o tempo em que eu estava me sentindo uma fracassada que não conseguia fazer nada direito, estava na verdade preparando o terreno para essa experiência de reconhecimento acontecer.

Treinar a mente para reconhecer a consciência aberta é uma exploração de longo prazo para trabalhar com nossos hábitos mais arraigados. Estamos tão acostumados a ficar presos em nossa luta contra a vida como ela é que muitas vezes transformamos nossa prática em outra forma de luta. Se nos dedicarmos a tal exploração, muitas vezes poderemos nos pegar cogitando sobre o que estamos fazendo e duvidando de nós mesmos. Somos todos muito bons em encontrar maneiras de nos atar em nós. Mas se continuamos sendo curiosos e aplicamos as instruções recebidas, a verdadeira natureza da nossa mente se torna cada vez mais familiar. Passamos a saber quem somos de fato por trás do caleidoscópio de percepções e pensamentos que formam nossa experiência.

Então estaremos preparados para qualquer coisa que nos aconteça – até para aquelas experiências de ausência de chão, que sempre são profundamente perturbadoras. Finalmente, quando os elementos do nosso corpo se dissolverem, teremos a grande alegria e o consolo de uma criança reconhecendo sua mãe e correndo sem hesitação para seu colo reconfortante.

8

O que atravessa os bardos?

Quando falamos sobre a morte acontecer a todo momento, uma questão natural pode surgir: "Se estou continuamente nascendo e morrendo, então quem é que passa por todas essas experiências?" Uma vez que este corpo morre, quem tem a chance de se fundir com a luminosidade-mãe? Se essa chance é perdida, quem vai para o próximo bardo, conhecido como "bardo do *dharmata*"? Quando se trata da reencarnação, quem renasce? Uma pergunta similar seria: "O que exatamente continua de uma vida para outra?" ou "O que atravessa os bardos?"

A resposta clássica para essas questões é "a consciência sutil", ou *namshé* em tibetano. A palavra "consciência" pode significar coisas diferentes para uma pessoa ou outra, mas a língua tibetana é extremamente precisa quando se trata de descrever a mente. Está implícito em *namshé* que essa consciência é dualística. Por exemplo, se Rosa vir uma montanha, Rosa está aqui e a montanha está lá: são duas coisas separadas. Qualquer coisa que Rosa veja, ouça, cheire, prove ou sinta parece um objeto separado de Rosa.

É assim que as coisas nos parecem, certo? Há uma noção de divisão entre eu e tudo o mais. As experiências estão sempre mudando, mas tenho a impressão de sempre permanecer o mesmo. Há algo a meu respeito que dá a sensação de nunca mudar. Mas quando procuro por esse eu imutável, descubro que nada consigo encontrar.

Nasci em 14 de julho de 1936. Meu nome então era Deirdre Blomfield-Brown. Sem dúvida, consigo reconhecer que há uma conexão entre aquela criança Deirdre e a Pema atual. Tenho lembranças da infância. Os pais que eu tinha então continuam sendo meus pais, mesmo que já tenham partido há tempo. Um cientista diria que o bebê e eu temos o mesmo DNA. E é claro que nosso aniversário é o mesmo. Mas a pergunta interessante permanece: o bebê recém-nascido e a mulher idosa que sou hoje são de fato a mesma pessoa?

Ainda tenho minhas fotos de quando era bebê e criança pequena. Com certo esforço, consigo ver alguma coisa naquela criança que se assemelha ao que hoje vejo no espelho. Mas também sei, intelectualmente, que nenhuma célula do meu corpo continua a mesma. Mesmo agora, cada célula e cada átomo estão em constante mutação.

Tentei por muito tempo e com afinco encontrar um eu real que fosse o mesmo de um ano para o outro – ou até de um instante para o outro – mas nunca tive sucesso. (Esse é um exercício que vale a pena e recomendo para todos interessados nos mistérios de vida e morte.) Então, onde é que isso nos deixa quando tratamos dos bardos?

Como já disse, a resposta padrão para o que continua pelas existências é *namshé*, a consciência dualística. Não é muito fácil entender isso. Algum tempo atrás, liguei para meu amigo Ken McLeod, um praticante budista muito erudito, que escreveu alguns dos meus livros favoritos, e perguntei a ele sobre isso. Como outros estudantes do *Dharma*, ele disse que *namshé* é o que atravessa os bardos. No entanto, deixou claro que essa consciência não é uma entidade estável que flui por tudo. Está em constante dissolução e reconstituição. A cada momento experimentamos algo novo: o cheiro de uma torrada, uma mudança da luz no ambiente, o pensamento num amigo. E a cada momento temos a sensação de um eu tendo essa experiência – um senso de "Eu, o cheirador da torrada". Quando esse momento passa, é imediatamente seguido por outro, com um sujeito e um objeto. Esse fluxo de experiências dualísticas continua ininterruptamente pelas nossas horas de vigília e em nossos sonhos, ao longo desta vida e através de todas as vidas.

Mas além desse fluxo de momentos, será que existe alguma coisa subjacente que poderíamos apontar como "consciência"? Não conseguimos localizar ou descrever qualquer elemento estável que viva através de todas as nossas experiências. Portanto, desse ponto de vista, Ken disse que outra resposta para "O que atravessa os bardos?" é "Nada". Existem apenas momentos individuais, acontecendo sucessivamente. O que consideramos "consciência" é algo fluido, mais como um verbo que como um substantivo.

Ao ter essa conversa com Ken, senti melhor como continuo me segurando a esse eu como algo permanente, quando na verdade é muito mais dinâmico do que parece. Não se trata de uma coisa fixa, congelada. Podemos ter uma visão congelada de nós mesmos – assim como podemos ter opiniões congeladas sobre os outros –, mas isso é simplesmente baseado num mal-entendido.

Por que ocorre esse mal-entendido? Quem saberia dizer? É simplesmente o modo como sempre vimos as coisas. O termo budista para isso é "ignorância coemergente" ou, como Anam Thubten coloca, "inconsciência coemergente". Todos viemos à vida com essa inconsciência. E do que estamos inconscientes? Estamos inconscientes de que não somos uma entidade sólida, permanente, e de que não somos separados daquilo que percebemos. Esse é o grande mal-entendido, a ilusão da separação.

Eis como ouvi os professores falarem sobre a origem da nossa inconsciência. Primeiro, há o espaço aberto, fluido e dinâmico. Não há senso de dualidade, nem de um "eu" separado de tudo o mais. Então, a partir dessa base, tudo se torna manifesto. Se bem entendidos, o espaço aberto e a manifestação não são coisas separadas. São como o sol e seus raios. Isso significa que tudo que estamos vivenciando agora mesmo é uma exibição da nossa mente. Reconhecer essa união chama-se "sabedoria coemergente" ou "consciência coemergente". Permanecer preso à ilusão da separação e solidez é a inconsciência coemergente.

E é onde você e eu nos encontramos, é claro. Obviamente, a inconsciência coemergente é nossa experiência usual. Porém, na realidade, ninguém nem nada neste mundo é fixo e estático. A consciência é um processo que constantemente se dissolve e se reconstitui, tanto agora quanto no bardo. E cada vez que se reconstitui, fica completamente fresca e nova – isso significa que nós temos uma corrente interminável de oportunidades para ter uma visão completamente nova e desimpedida. Sempre temos outra chance de ver o mundo de uma nova forma, a chance de reconectar com a abertura básica, a chance de perceber que nunca estivemos separados dessa espaciosidade básica – a chance de perceber que tudo não passou de um grande mal-entendido.

Se você pensar bem sobre isso, poderá entender com sua mente racional. Mas ainda poderá se questionar: "Por que minha experiência é a de estar separado? Por que não vivencio cada momento como novo? Por que me sinto tão preso?" A razão é porque você – assim como todo mundo – está sob o domínio da inconsciência coemergente por muito, muito tempo. Portanto, leva muito, muito tempo para desmontá-la.

Nosso mal-entendido da separação é profundo. Até os animais têm um senso inato de serem entidades separadas. Mas diferentemente dos animais, temos a capacidade de contemplar. Podemos usar nosso cérebro bastante sofisticado para perceber que nosso mal-entendido é de fato um mal-entendido – que a cada momento temos a chance, mesmo que breve, de nos fundir com aquela base fundamental novamente.

Mesmo que estejamos convencidos disso, no entanto, não conseguimos largar nosso senso familiar de separação apenas com o desejo de que ele suma. O que podemos fazer é começar a meditar. Numa sessão de meditação, sentados em nossa almofada, podemos verificar por conta própria o quanto nossa consciência é fluida. Podemos observar como nossos pensamentos, emoções e percepções aparecem e somem e como esse processo se sucede sem intervalo.

Podemos ver também o quanto nossos pensamentos são misteriosos. De onde vêm todos esses pensamentos? E para aonde vão? E por que levamos tão a sério o que se passa em nossa mente? Mesmo que nossos pensamentos sejam tão esquivos quanto a bruma, como podem nos causar problemas desnecessários incessantemente? Como podem nos deixar preocupados, invejosos, discutindo com os outros, eufóricos ou deprimidos?

A meditação nos possibilita ver que nossa mente e nossa noção de "eu" são evasivas. Quando praticamos meditação, nos acostumamos gradativamente ao modo como as experiências fluem constantemente. Vemos que isso ocorre mesmo sem poder localizar um sujeito que as experimenta.

A partir desse ponto de vista, não há um ser fixo que atravessa os bardos. Outro modo de dizer isso é que não há um indivíduo contínuo que experimenta vida e morte. Ninguém vive e ninguém morre. Vida e morte, começos e fins, ganhos e perdas são como sonhos ou ilusões de mágica.

9

As duas verdades

Nos ensinamentos budistas, há uma ideia de que tudo tem dois níveis de verdade, o relativo e o absoluto: o modo como experimentamos a vida quando estamos nela imersos e como a experimentamos à distância, quando conseguimos ter uma perspectiva mais ampla.

Gosto de pensar na verdade relativa como aquilo que pertence à história de um dia comum: o que vemos, ouvimos e pensamos, como nos sentimos em relação às pessoas e objetos com que cruzamos, como nos relacionamos com nosso mundo, como as coisas parecem e funcionam.

As árvores nascem no solo, têm galhos e folhas e muitas delas perdem suas folhas no outono. Essas afirmações são "verdadeiras" porque todo mundo concorda com elas. Há uma realidade consensual com a qual todos estão de acordo. Se alguém diz "As árvores nascem do céu e crescem de cima para baixo", dizemos que a pessoa não está dizendo a verdade porque não há uma realidade consensual. Para os seres humanos, a existência de árvores é uma verdade relativa com que todos concordam. Mas podemos imaginar que os cupins não têm noção de "árvore". Eles veem a mesma coisa em termos do que ela significa para eles – comida e moradia. Portanto, algo tão incontroverso quanto uma árvore de fato depende de quem está olhando para ela, quando está olhando, com que proximidade e no que está interessado em ver.

Isso é verdade em relação a tudo no universo. Nosso mundo relativo é mais provisório e aberto à interpretação do que geralmente assim o creditamos. É aí que relativo e absoluto se unem. Quando percebemos algo sem nossos conceitos usuais, descobrimos *shunyata*, ou "vacuidade", uma palavra geralmente mal entendida. Vacuidade não se refere a um vácuo: não sugere um mundo frio e escuro em que nada tem sentido. Significa que tudo que examinamos é livre de – "vazio" de – nossa interpretação conceitual, de nossas visões e opiniões. Nada é fixo neste mundo; nada é permanente e definitivo de um jeito ou de outro. Todos os fenômenos são simplesmente como são, livres de nossos julgamentos e preconceitos.

Vejo um camundongo e penso: "Que fofo". Outra pessoa sente medo. Outra fica agressiva, então se cuide, ratinho! Mas inerentemente o camundongo não é nenhuma dessas coisas. Apesar de todas nossas ideias e opiniões sobre essa pequena criatura, um camundongo permanece um camundongo, assim como é, livre de nossas sobreposições conceituais.

A "verdade absoluta" se refere a essa natureza aberta e não fixável do mundo e de tudo nele: nós mesmos, outros seres vivos, nosso ambiente, tudo. Chama-se "absoluta" porque não depende de nenhuma outra coisa para ser verdade. É simplesmente a natureza de ser das coisas.

Quando pudermos dar um passo atrás e simplesmente relaxar com essa verdade absoluta, ficaremos muito menos inclinados a insistir que a vida tem que ser como queremos e muito mais a pensar em como nossas ações afetam o todo.

Quando o astronauta Edgar Mitchell andou na lua em 1971 e viu a Terra daquela perspectiva, percebeu que a Terra era apenas uma e que todas as divisões criadas pelos humanos – divisões que tanta dor já causaram – eram arbitrárias e sem sentido. Percebeu que os terráqueos precisavam trabalhar em conjunto e que a separação é ilusória. "Lá da lua", ele disse, "a política internacional parece tão insignificante". Mitchell teve uma experiência absoluta de como as coisas realmente são. Ao voltar para casa, essa perspectiva continuou a afetar seu modo de viver. Contudo, ele ainda tinha que se relacionar com o mundo relativo e o modo como este desencadeava suas propensões e o fazia colocar barreiras entre ele mesmo e os outros – as mesmas barreiras causadoras de dor que lá do espaço ele vira como insignificantes.

Quando muito jovem, tive uma experiência tão direta do absoluto, que talvez seja útil compartilhar aqui. Numa noite de verão, eu estava deitada de costas, olhando para as estrelas, como já tinha feito várias vezes. Como muitos outros através dos tempos, eu estava fascinada pela sensação que tinha ao olhar para todas aquelas estrelas. Naquela noite específica, no entanto, algo mudou para mim e tive uma daquelas experiências de "Eureca!". De repente me dei conta, sem realmente pensar a respeito, de que esse era o mesmo vasto espaço que as crianças na antiga Grécia haviam vivenciado, que as pessoas pré-históricas haviam vivenciado. Dei-me conta de que antes de eu nascer, o céu estava ali e ali continuaria após minha morte. Esse foi meu segredo pessoal por anos, algo que eu não queria estragar falando a respeito.

Olhar para as estrelas foi uma experiência relativa que aconteceu numa noite de 1943 em Nova Jersey. A compreensão de que aquele espaço sempre estivera ali, e sempre estaria, foi uma experiência absoluta e atemporal.

A palavra "absoluta" soa mais impressionante que "relativa", mas não precisamos achar que uma verdade é superior à outra. Pode-se experimentar totalmente a beleza de uma árvore sem achar que nosso modo de olhar para ela é *o* modo de olhar para ela. Pode-se desfrutar de sua sombra num dia quente e ao mesmo tempo saber que ela é muito mais misteriosa do que geralmente supomos. Nosso objetivo no caminho espiritual não é nos livrarmos do relativo e residir na vacuidade. As duas verdades andam de mãos dadas.

Os termos "relativo" e "absoluto" nos proporcionam maneiras de falar sobre o mesmo assunto a partir de dois ângulos diferentes. Quando dizemos que nada atravessa os bardos, estamos falando de uma perspectiva maior, do ponto de vista absoluto. A consciência que percorre todos os nossos momentos e preenche a lacuna entre as existências está constantemente se dissolvendo e se reconstituindo. Por mais que tentemos, nunca conseguimos encontrar uma explicação.

No absoluto, ninguém vive, ninguém morre e ninguém atravessa os bardos. Mas no relativo, sofremos com o falecimento de um ente querido. Do ponto de vista relativo, experimentamos dor e prazer, esperança e medo, pensamentos e percepções, vida e morte. Da perspectiva relativa, tudo que fazemos nos afeta e afeta nosso mundo; tudo que fazemos importa.

Nossas ações sempre têm consequências. Padmasambhava – comumente conhecido como Guru Rinpoche, o mestre indiano do século VIII que estabeleceu o budismo no Tibete – dizia: "Minha visão é mais elevada que o céu, mas minha atenção às minhas ações e seus efeitos é mais refinada que a farinha". Apesar de ser um mestre iluminado, ele sabia o quanto era crucial prestar atenção aos detalhes relativos de sua vida e às consequências de suas ações.

O Buda não ensinou seus discípulos de forma que acabassem em algum estado frígido, intelectual, divorciados da experiência cotidiana. Ao contrário, muitos de seus ensinamentos tratavam da conduta correta que proporciona alegria e alívio da dor a nós mesmos e aos outros. Esses ensinamentos incluem conselhos profundos e concretos sobre como levar a vida e como abordar a morte. Baseiam-se nas duas verdades: a compreensão de que, embora nada esteja de fato acontecendo no nível último, todos nós preferimos experimentar a felicidade ao sofrimento.

10

Propensões

Antes de seguir descrevendo a jornada após a morte e as experiências dos próximos bardos, acho importante fazer uma pausa e trazer algumas palavras do coração sobre como lidar com nossa mente, nossas emoções e propensões. Por que isso? Porque o modo como lidamos com nossa mente, emoções e propensões enquanto viajamos pelos altos e baixos do bardo desta vida é o que levaremos conosco ao seguir viagem. Dizem: "Você não levará nada". Mas quando se trata de nosso estado mental e padrões emocionais, *sim*, nós os levamos conosco. E assim como nossos pensamentos e emoções criam nossa experiência de mundo agora, da mesma forma, e até mais intensamente, criarão o ambiente em que nos encontraremos depois de morrer. Se quiser experimentar o paraíso, trabalhe com seus pensamentos e emoções. Se quiser evitar o inferno, trabalhe com seus pensamentos e emoções. É assim. Portanto, nos capítulos a seguir, darei algumas instruções práticas de como nos conectarmos hábil e compassivamente com nossos padrões habituais e emoções.

Quando perguntaram a Trungpa Rinpoche o que atravessa os bardos, ele respondeu com um sorriso largo:

"Todos os seus maus hábitos". Entendi que qualquer hábito com o qual eu não tivesse feito amizade, e nem tivesse soltado nesta vida, iria seguir viagem para o estado intermediário e seria passado a algum pobre bebê no futuro.

Na década de 1970, quando meu casal de filhos era adolescente, levei-os com mais um amigo deles a conhecer Sua Santidade o Décimo Sexto Karmapa, um dos mestres que tiveram mais significado para mim. Meus filhos não são budistas, mas sempre simpatizaram com o *Dharma* e queriam agradar a mãe entusiasmada. Como Sua Santidade não falava inglês, nós nos comunicávamos através de uma intérprete. Pedi ao Karmapa que dirigisse algumas palavras às crianças e ele começou a lhes transmitir um breve ensinamento sobre o budismo. Quando fez uma pausa, falei respeitosamente que as crianças não eram budistas e perguntei se ele poderia dizer alguma coisa que lhes fosse significativa, apesar da falta de conhecimento deles.

Sua Santidade o Karmapa era um homem grande, deslumbrante e estávamos sentados bem próximos. Ele olhou intensamente para os três adolescentes e disse: "Vocês vão morrer". Em seguida acrescentou: "E não levarão nada junto com vocês além do seu estado mental".

O que Trungpa Rinpoche disse sobre maus hábitos foi um ensinamento relativo sobre o que atravessa os bardos. Os comentários de Ken McLeod de que nada atravessa os bardos partem de um ponto de vista absoluto. As palavras do Karmapa aos adolescentes foram um pouco de ambos – pois o que exatamente ele quis dizer com "seu estado mental"?

Essas palavras parecem descrever algo estático, mas como já disse, nosso estado mental está sempre mudando. Vamos continuamente de um estado de mente para outro. Existe apenas esse fluxo mental. Contudo, nosso fluxo mental segue um curso, que não é aleatório. É determinado por nossos hábitos, nossas tendências, nossas propensões. O que isso quer dizer?

Nos ensinamentos do Buda sobre o *karma*, que tratam de causa e efeito, qualquer coisa que se faça, diga ou até pense, deixa uma marca na mente. Quando fazemos algo uma vez, é provável que o façamos novamente. Quando reagimos a uma situação de certo modo, tendemos a reagir do mesmo modo na próxima vez em que a situação surgir. É assim que se desenvolvem as propensões. Em consequência, geralmente nos comportamos e reagimos de maneira previsível. Em algumas circunstâncias específicas, somos muito generosos; em outras autoprotetores. Às vezes somos tolerantes; outras, irritáveis. Às vezes somos confiantes; outras, inseguros. E toda vez que reagimos da maneira habitual, fortalecemos nossas propensões. Esse quadro se assemelha às descobertas da neurociência que mostram como os sulcos do cérebro são reforçados pelas nossas ações habituais e padrões de pensamento.

Digamos que você tenha uma propensão de se sentir inadequado, especialmente em relação ao trabalho. Então, está lá no escritório falando com dois colegas e seu supervisor entra de repente e diz: "Vocês fizeram um péssimo trabalho". O supervisor está criticando os três, mas é você que tem a maior propensão a levar isso para o lado pessoal, então sente-se péssimo, como se a culpa fosse toda sua. Já existe uma longa história por trás dessa propensão, e o comentário do supervisor parece fortalecer as evidências contra você. Então você segue o enredo familiar: "Nunca faço nada direito. Sou um inútil. Não tenho jeito. Sempre estrago tudo". Você se sente e se vê como um fracassado. E abaixo de todos esses conceitos há uma emoção terrivelmente desagradável que você faria qualquer coisa para eliminar.

Nesse cenário, dá a impressão de que a causa do seu sofrimento são as palavras do supervisor. Mas elas são apenas o gatilho. A verdadeira causa é a propensão pré-existente. É importante mencionar que o motivo para dizer isso não é culpar a vítima. Vocês três concordam que as palavras do supervisor foram mesquinhas e insensíveis. Porém, ao mesmo tempo, é importante ver todo o quadro do que está acontecendo. A propensão a se sentir inadequado já era um tema recorrente em sua vida. Ouvir "Vocês fizeram um péssimo trabalho" foi o gatilho que reuniu as condições certas para que essa sensação emergisse. É como um bulbo de crocus que fica dormente sob a terra a maior parte do ano, e na primavera, com as causas e condições certas, de repente dá uma flor colorida.

Nesse exemplo, as duas outras pessoas criticadas têm experiências completamente diferentes devido às suas propensões. Uma delas tem a propensão a se enfurecer e partir para a ação, então ela se dirige ao supervisor cheia de fúria, imprime alguns cartazes e faz todo um bando de gente assinar uma petição.

A terceira pessoa não é acionada de modo defensivo, mas ainda age de acordo com sua propensão. Sua reação a qualquer situação desconfortável no trabalho é tornar-se a pacificadora. Então ela reconhece que a fala do supervisor foi inábil e incentiva todo o grupo a participar de um grupo sobre comunicação não violenta e eficaz.

Quando relembro o que o Karmapa disse aos meus filhos, agora acho que ele quis dizer algo assim: "Tudo o que você leva quando morre são suas propensões". E isso carregava um poderoso conselho tácito: "Então, é melhor cuidar bem de suas propensões agora, enquanto ainda tem tempo".

Já temos vasta experiência com os problemas que nossas propensões causam em nossa vida atual. Nossos inúteis padrões de pensamento e hábitos emocionais autodestrutivos têm nos sabotado repetidamente. Nossas propensões não apenas nos perturbam internamente como também se manifestam em forma de situações externas difíceis. Algumas pessoas têm problema com seus chefes. Não importa quantas vezes mudem de emprego, consistentemente se encontram nas mesmas situações desconfortáveis. Outras têm problema com a intimidade nos relacionamentos. Não importa quem namorem, a questão da intimidade persiste. Os atores mudam, o cenário do filme muda, mas o drama básico continua o mesmo. Isso se dá porque nossas propensões são as autoras do roteiro.

Outra coisa sobre essas propensões é que não cessam por conta própria. Devemos reconhecê-las quando surgem e não sermos tão previsíveis. Sempre precisamos encontrar nosso modo de fazer as coisas de outro jeito. Caso contrário, elas nos seguirão pelo resto da vida. Indo mais adiante, podemos dizer que nos seguirão além desta vida – pelos bardos e para nossa próxima existência, escrevendo uma cena após outra. Criarão as circunstâncias externas e internas do nosso momento seguinte, nosso dia seguinte, nossa vida seguinte e todas as vidas por vir.

O outro lado da moeda é que, devido à forte relação de interconexão entre nossa mente e nosso mundo, muitas vezes descobrimos que mudar hábitos mentais e emocionais exerce um efeito poderoso em nossa experiência exterior. Pode parecer milagre, mas é bem simples e direto se pensarmos a respeito. Se você trabalhar com a propensão a ser invejoso, vai parecer que há cada vez menos pessoas a invejar. Se trabalhar com sua raiva, as pessoas não o irritarão tanto.

Então, como "cuidar bem de nossas propensões"? Tratamos de conhecê-las com gentileza e inteligência. Reconhecemos o quanto são poderosas, mas não as tornamos inimigas. Um de meus professores, Tsoknyi Rinpoche, as chama de nossos "belos monstros" e aconselha a tratá-las com ternura – sem exagerá-las nem reprimi-las, mas fazendo amizade com elas assim como são. Assim, quando uma pessoa ou acontecimento desencadeia nossas emoções dolorosas, podemos distinguir entre o gatilho e a propensão. Podemos nos questionar, com o máximo de abertura e objetividade possível: "Qual é a causa principal do meu sofrimento? É o meu supervisor ou minhas propensões?" Esse tipo de intimidade e amizade com nossas propensões cria as causas e condições adequadas para que afrouxem e se desfaçam.

Por exemplo, você anda tendo muitas discussões com seu parceiro e agora o vê rindo com outra pessoa. Imediatamente, a dor do ciúme lhe surge no coração. Porém, ao invés de reagir como de hábito àquele ciúme, digamos, ficando bêbado ou falando de modo passivo-agressivo, você pode se perguntar: "Qual é a causa da minha dor? É ele rir com outra pessoa ou é minha propensão preexistente ao ciúme?" Então você pode sentir o seu corpo e entrar em contato com essa propensão. Qual é a sensação? É de aperto ou soltura, contraída ou expandida? Tem uma temperatura, uma cor, uma qualidade especial? Se você investigar o sentimento desagradável de ciúme com atenção e gentileza, aprenderá muito sobre ele. Verá sua história com ele. Começará a perceber padrões. Verá que esse sentimento surge com frequência em sua vida e que você tende a fazer uma bagunça quando isso acontece. Esse pode ser o início do seu cuidado com a propensão. Pode ser o começo da percepção de que suas propensões são simplesmente sensações fluidas que nada têm a ver com bem ou mal.

Uma vez tendo aprendido algo por meio desse processo, você poderia seguir, é claro, em direções menos úteis. Poderia simplesmente continuar com seu modo usual de fazer as coisas, tão pouco afetado pela autorreflexão como se tivesse acabado de aprender um fato sem importância sobre um assunto que não lhe diz muito respeito. Até pior, poderia usar seu autoconhecimento para se flagelar: "Tenho essa terrível propensão, que faz de mim uma pessoa horrível. Mesmo me sentindo constrangido de me comportar assim, estou condenado a continuar agindo por ciúme pelo resto da vida".

Nenhuma dessas opções nos ajudará a fazer amizade com nossos belos monstros. Continuaremos a pensar e agir do mesmo modo, fortalecendo nossas propensões e ficando desnecessariamente infelizes. Será como encontrar ervas daninhas em nosso jardim e lhes dar mais água e nutrientes para crescer.

A alternativa mais útil é olhar objetivamente para o que está acontecendo e tentar aprender algo com isso, algo que nos habilitará a ver claramente como proceder. Esse modo de trabalhar com nossas propensões no cotidiano definitivamente valerá a pena quando morrermos. Antes de morrer, quando estão de fato morrendo, e além desse ponto, as pessoas experimentam uma grande variedade de emoções fortes e o modo como nos relacionamos com elas é importante.

11

Sinta o que você está sentindo

A morte é uma inimiga ou uma amiga?
Isso, meu caro, depende de você.

Vi essa citação escrita num muro em São Francisco e minha mente parou. É lógico, se velhice, doença ou morte são nossas amigas ou inimigas só depende de nós. Tudo depende de como nossa mente se coloca. E, em grande medida, depende de como lidamos com as emoções. Então, como é que você, agora, está trabalhando com suas emoções? Vale a pena olhar para isso. Saber lidar com as emoções é realmente a chave para encontrar equilíbrio e equanimidade, qualidades que serão um apoio à medida que avançarmos por todas as transições e intervalos que ainda experimentaremos.

Um dos lemas mais famosos do popular texto budista *O treinamento da mente em sete pontos* é "Atribua todas as culpas a um só". Quando comecei a estudar esse lema, eu tinha uma noção da ideia básica: pode parecer que circunstâncias externas estejam nos provocando e fazendo sofrer, mas o culpado real é sempre nossa fixação ao ego.

No entanto, passei muitos anos achando difícil aplicar esse ensinamento de modo pessoal. Primeiramente, eu não tinha bem certeza do que queriam dizer com "fixação ao ego". Parecia um conceito abstrato e eu não sabia como relacioná-lo à minha própria experiência. Além disso, tive dificuldade com a ideia de "culpa". Soava como se eu devesse me culpar, algo que eu tendia a fazer de qualquer maneira. Eu sabia que não era essa a intenção do ensinamento, mas não sabia como interpretá-lo de outro modo.

Então, assisti a uma palestra de Dzigar Kongtrul Rinpoche, na qual ele usava a expressão "a propensão a se incomodar", e aquilo fez sentido para mim. Embora ele não estivesse falando diretamente "Atribua todas as culpas a um só", comecei a entender como esse lema trata de propensões, das nossas tendências. Enquanto a fixação ao ego parecia abstrato e conceitual, o modo como experimentamos a fixação ao ego – nossas propensões – era algo que eu conhecia intimamente no cotidiano. O lema me incentivava a reconhecer minhas propensões, meus belos monstros, como a causa de infelicidade desnecessária.

O *Dharma* nos diz que todas as experiências de desconforto, ansiedade, de se incomodar e se irritar estão enraizadas em nossos *kleshas*. Esse termo sânscrito significa "emoções destrutivas" ou "emoções causadoras de dor". Os três principais *kleshas* são apego, agressividade e ignorância. Os dois primeiros não requerem muita explicação. O "apego" torna-se uma emoção destrutiva quando chega ao ponto de ser um vício, compulsão ou obsessão. Certa vez ganhei um doce asiático cuja marca era "Baby Want-Want" [Bebê Quer-Quer]. Acho que resume bem o apego. Achamos que algo nos trará prazer ou conforto e então ficamos obcecados por ter ou manter aquilo. A "agressividade" é o oposto: queremos nos livrar de algo que percebemos como uma ameaça ao nosso bem-estar. A "ignorância" como emoção destrutiva é um pouco mais difícil de entender. É um estado mental embotado, indiferente, que na verdade contém um nível profundo de dor. Pode expressar-se em uma atitude desconectada, mentalmente letárgica, sem se importar com os próprios sentimentos ou com o que outros estejam passando. Quando nos domina, esse estado mental pode virar depressão.

Esses três *kleshas* costumam ser chamados de "três venenos" porque, como diz Anam Thubten, matam nossa felicidade. Isso geralmente nos acontece de duas formas. Primeiramente, sofremos ao experimentar raiva, vício, depressão, ciúmes e o resto; depois continuamos sofrendo em consequência das ações prejudiciais que esses sentimentos provocam.

Você deve saber por experiência própria o quanto fica infeliz quando esses venenos aparecem em sua vida. Mas como, exatamente, eles matam sua felicidade? Segundo os ensinamentos do Buda, não são as emoções em si que nos fazem sofrer. Em sua forma crua – antes de começarmos a lutar contra elas e antes que nosso processo discursivo se envolva – são simplesmente sensações ou formas de energia. Não são intrinsecamente más ou boas. É importante lembrar isso. O aspecto destrutivo da agressividade, por exemplo, não é a sensação; é nossa rejeição àquela sensação e o modo como reagimos então. A culpada não é a energia básica, mas seu derivado, o que a professora budista Sharon Salzberg chama de "extensões" ou "complementos" [*add-ons*].

Quando surge a energia do *klesha*, tendemos a reagir de diversas maneiras. Uma é agindo – seja fisicamente ou com palavras. Outra é suprimindo a emoção, ficando entorpecidos em relação a ela; isso pode incluir desviar nossa atenção para outra coisa, viajando no Netflix, por exemplo. Uma terceira reação comum é envolver-se mentalmente com algum tipo de enredo, que geralmente contém culpa. Todas essas reações se baseiam em nossa incapacidade de aguentar o desconforto da energia. Temos uma propensão a nos incomodar com essa energia, então tentamos escapar do nosso desconforto nos livrando do que o está causando. Essa abordagem se assemelha àquela do tirano que mata o mensageiro que traz a má notícia em vez de lidar com a mensagem. Porém, cedendo a tais reações, somente fortalecemos os hábitos causadores de dor e no longo prazo perpetuamos nosso sofrimento. Essa é uma lição dura de ser aprendida.

Todo mundo tem esses hábitos. Não há necessidade de culpar a si ou a qualquer outro por esse processo. Em vez de procurar a culpa ou sentir-se impotente, pode-se utilizar métodos testados e comprovados ao longo do tempo para trabalhar construtivamente com as emoções. Como tudo o mais no universo, os *kleshas* e nossas reações a eles são impermanentes e insubstanciais. É isso que nos possibilita mudar os hábitos.

Em geral, é a falta de consciência que dá poder às nossas emoções. Colocar consciência nelas é a chave mágica.

Quando estamos conscientes do que está acontecendo, elas perdem sua capacidade de nos deixar infelizes.

O primeiro passo em qualquer método de trabalhar com emoções é simplesmente reconhecer o que está acontecendo. Uma das características dos *kleshas* é sua tendência a passar despercebidos. Só os notamos quando já estão totalmente desenvolvidos. Enquanto é apenas uma brasa, ficamos inconscientes da emoção; quando sentimos o cheiro de queimado ou o calor do fogo, é tarde demais. Já atacamos com palavras ou já estamos perdidos em alguma ação descontrolada.

Eis um exemplo bem comum do ciclo de vida de um *klesha*. Você avista alguém no corredor, alguém com quem tem problemas. Sente uma leve tensão nos ombros ou uma súbita pontada no peito. É o estágio da brasa. Em seguida, se dá conta de que está tendo pensamentos críticos ou ressentidos em relação à pessoa. Esse estágio é como quando a lenha pega fogo. Há muito mais calor do que no estágio da brasa, mas pelo menos ainda está contido. Até mesmo esse nível pode passar despercebido. Mas se inconscientemente você continuar avançando em seu enredo, é como se estivesse jogando querosene no fogo. Finalmente, o fogão à lenha não conseguirá mais conter o fogaréu, que pode até incendiar sua casa. A essa altura, você e todo mundo vão notar, mas será tarde demais para prevenir uma grande quantidade de dor inevitável. A mensagem danosa foi escrita, você já pressionou "Enviar" e não há mais como recuperá-la.

Mesmo assim, há maneiras de melhorar ou piorar a situação. A cada momento e em cada experiência no bardo, temos essas duas alternativas básicas. Podemos agravar ou atenuar nosso sofrimento. Podemos fortalecer hábitos inúteis ou arejá-los. Ao nos tornarmos mais conscientes do que está acontecendo, podemos apagar o fogo no estágio da brasa ou no estágio do fogão à lenha e poupar a nós mesmos e aos outros de muito sofrimento.

Manter uma prática regular de meditação nos deixa mais conscientes do que está acontecendo em nossa mente, da corrente mental subterrânea que tende a passar despercebida quando estamos absortos em nossas atividades e interações diárias. Com a meditação, começamos a flagrar alguns dos nossos pensamentos-brasa e emoções sutis que passariam despercebidos e se intensificariam.

Uma vez conscientes do *klesha*, o próximo passo é nos permitirmos senti-lo – sentir o que estamos sentindo. Parece muito simples, mas muitas pessoas acham bem desafiador. Algumas têm dificuldade por terem sido traumatizadas. Outras simplesmente não querem encarar certas emoções, seja qual for a razão. Porém, como em todas as outras instruções do *Dharma*, sentir o que você está sentindo é uma *prática*. Há modos de treinar isso, de progredir gradativamente.

Primeiro, comece com as sensações físicas, que são relativamente diretas e oferecem um bom ponto de acesso. Como você se sente fisicamente? Quando não estamos em contato com nosso corpo, nossos *kleshas* têm mais chance de correr desenfreadamente. Por outro lado, quando estamos presentes e incorporados, fica mais fácil manter contato com a mente. Portanto, observe como seu corpo está se sentindo – as dores, incômodos e coceiras, as sensações de frio e calor, os lugares onde você se sente tenso ou relaxado.

Depois, olhe para seu estado mental. Está discursivo ou quieto? Qual é o seu humor? Que emoções você percebe? Aqui é muito importante ter uma atitude curiosa e aberta em vez de crítica. Diversas coisas podem surgir quando nos permitimos sentir o que sentimos. Podemos ter memórias dolorosas ou emoções intensamente desagradáveis. Isso é esperado e não há problema. Mas não force demais, tornando o processo uma prova de resistência. O treinamento deve se dar, tanto quanto possível, numa atmosfera de aceitação.

Para aumentar a capacidade de saber o que fazer ao ser apanhado por uma emoção, é útil lembrar três palavras: incorporado, presente e gentil. Solte e deixe a consciência cair em seu corpo, traga sua atenção para onde estiver agora e seja gentil. Quando há uma explosão de emoções, essas três palavras podem ajudá-lo a desacelerar. A principal instrução é ficar consciente e, como disse Tsoknyi Rinpoche, "Você tem que estar disposto a sentir algum desconforto". Afinal de contas, isso é um treinamento para a vida e para a morte, que raramente são indolores.

Com o tempo aprendi que ao me permitir sentir o que sinto, fico mais paciente comigo mesma e mais benevolente. Cada vez descubro que consigo relaxar com o sentimento por mais tempo. E tem isso: ao mesmo tempo em que os *kleshas* causam dor, sua energia em si mesma é uma fonte ilimitada de poder criativo, como uma corrente elétrica. Não é algo que você queira descartar. O truque é ficar presente com aquela energia sem extravasar ou reprimir. Fazendo isso – ou melhor, aprendendo a fazer isso – você pode descobrir algo notável. Na energia básica dos *kleshas*, encontramos sabedoria – uma sabedoria inapreensível, desprovida de ego – livre de apego e fixação.

Na década de 1970, quando eu estava devastada pelos *kleshas*, quase todos os professores espirituais que encontrei me disseram para transcender as emoções – ir em direção à luz. Mas, felizmente para mim, eu não conseguia descobrir como fazer isso. Não conseguia achar um modo de transcender. Ansiava transcender e deixar todos aqueles sentimentos tumultuados para trás, mas não conseguia. Então recebi os ensinamentos de Trungpa Rinpoche sobre como me aproximar da energia dos *kleshas* e isso mudou minha vida.

12

O primeiro passo para a coragem: contenção

Eis-nos aqui, meditantes no caminho, rumando do nascimento à morte no bardo desta vida. De que modo podemos usá-lo ao máximo para que tanto esta vida quanto nossa morte sejam profundamente significativas? Shechen Gyaltsap, um grande mestre espiritual que morreu em 1926, colocou assim: "Em meio às nuvens passageiras da ilusão dança o relâmpago da vida. Como saber que amanhã você não estará morto? Então pratique o *Dharma*".

Praticar o *Dharma* significa não apenas meditar e contemplar os ensinamentos, como também aplicar nosso entendimento na vida cotidiana. Uma das coisas que inicialmente me atraiu para o budismo foi o fato de ele oferecer métodos que realmente nos ajudam a levar uma vida mais feliz e significativa. Havia instruções sobre as causas de nossa insatisfação e dor e sobre como se tornar livre do sofrimento. Na verdade, esse era o objetivo do ensinamento do Buda.

A verdadeira causa da infelicidade não está fora, mas dentro. Nossas propensões e emoções negativas são o que arruínam nossos dias, não nosso supervisor ou oponente. Como é ensinado repetidamente, enquanto os venenos dos *kleshas* permanecerem em nossa mente, não encontraremos felicidade em lugar algum deste mundo.

O Buda ensinou três métodos principais de trabalhar construtivamente com nossos *kleshas*, que eu vejo como os "três passos para a coragem". Ele os apresentou em ordem crescente de sutileza e profundidade. O primeiro é conter a reação. Isso se baseia na noção de que há algo de negativo nas emoções e, portanto, devemos fazer todo o possível para não piorar as coisas. No segundo método, que trata de transformar os *kleshas* em amor e compaixão, adotamos uma visão positiva das emoções: utilizando-as do jeito certo, elas trazem benefício em vez de prejuízo. O terceiro método é utilizar as emoções como um caminho direto do despertar. Aqui transcendemos a dualidade do bem e do mal e deixamos as emoções serem simplesmente o que são.

Já descobri que os ensinamentos sobre conter a reação são muito impopulares. Certa vez eu estava dando uma palestra sobre esse tópico e um velho amigo, claramente chateado, levantou a mão e disse: "Você não deveria ensinar isso. É como pôr uma tampa nos nossos sentimentos. Trungpa Rinpoche jamais nos ensinaria tal coisa".

Deixando de lado o fato de que eu havia recebido esse ensinamento justamente de Trungpa Rinpoche, dei-me conta de que é importante apresentar a contenção sob uma luz positiva, apresentá-la como um passo importante para acessar a sabedoria das emoções, um passo essencial rumo à experiência das emoções como caminho direto do despertar.

Meu irmão costumava me dizer: "Sempre que você estiver com fome, com raiva, sentindo-se só ou cansada, P-A-R-E³". É uma instrução sobre contenção. Em vez de seguir em frente e voltar aos velhos padrões de culpar e julgar ou então de evitar o que estamos sentindo, damos um tempo, um espaço. Paramos. Desaceleramos a reatividade.

Quando ensino a prática da contenção, é comum que pessoas como meu amigo façam perguntas para se certificar de que não estou incentivando-as a ocultar ou fugir de seus problemas. Estamos tão acostumados a ver todo mundo agindo e falando livremente que se nos abstemos de fazer isso, a sensação pode ser de estarmos evitando as coisas que precisamos encarar. Mas o intuito de ficar calado não é esquivar-se de situações acaloradas. O intuito é nos dar o tempo e apoio necessários para sentir o que estamos sentindo e interromper aquele enredo. O modo como vemos as coisas faz toda a diferença. Se abordarmos a contenção como um meio de desligamento, pode facilmente virar isso. Mas se a abordamos como um meio de nos abrirmos e darmos boas-vindas para o que quer que surja, essa prática nos prestará bom serviço.

Em seu livro *Resgate emocional*, Dzogchen Ponlop Rinpoche chama isso de "atenção ao vão". É como se déssemos um passo atrás e ficássemos mais presentes e despertos para o que está acontecendo. Damos um espaço, um espaço consciente – incorporados, presentes e gentis.

---

3 "Halt" em inglês significa "pare" e aqui funciona como um acrônimo para "Hungry-Angry-Lonely-Tired" (H-A-L-T).

A energia dos *kleshas* pode ser muito intensa. É preciso acostumar-se a ela. Considero a contenção da fala e da ação um processo de familiarização com a energia transformadora das emoções. Isso, juro, exige paciência e tempo. É como conhecer um velho amigo num nível mais profundo. A energia do nosso amigo nos desafia e, contudo, ficamos ao seu lado na bonança e na adversidade porque o amamos.

Para facilitar o relaxamento com a poderosa energia de um *klesha*, vê-lo como um processo de purificação dos padrões habituais – de purificação de um karma antigo e inútil –, pode ajudar. Como nossa mente tem forte tendência a ficar presa a padrões repetitivos, costumamos reagir a novas experiências do mesmo modo previsível de sempre. Os velhos hábitos são reforçados pela repetição contínua. Mas se, por outro lado, permitirmos uma brecha consciente, não reagiremos do modo usual, deixando assim que a experiência simplesmente passe por nós, o que enfraquece nosso hábito. Fazendo isso com bastante frequência, vamos exaurir completamente o padrão *kármico*, para que ele nunca mais volte.

Minha experiência é que permitir um espaço antes de reagir de modo previsível é algo mágico. No meu caso, é o que me permite fazer amizade comigo mesma, o que me permite uma visão clara e uma mudança de direção. Sem atenção ao vão, sem contenção, simplesmente ficamos presos aos velhos padrões, repetidamente cogitando: "Como é que fui me meter nessa confusão?"

A prática de parar ou conter é o modo mais básico de trabalhar com nossos *kleshas*: não falar, não agir, entrar em contato com o que estamos sentindo. É o primeiro método de que precisamos porque, ao perpetuarmos nossos enredos ou extravasarmos, não dispomos de espaço mental para aplicar as duas outras práticas: transformar as emoções e usá-las como caminho direto do despertar. As pessoas geralmente querem pular o primeiro estágio, mas esse tiro está condenado a sair pela culatra. Como diz Ken McLeod em *Reflections on Silver River*, "Experimentar o que se passa dentro de você costuma ser inimaginavelmente assustador. Mas se quiser ser livre, você não tem escolha".

O segundo passo para a coragem: uma visão positiva dos *kleshas*

O treinamento da mente em sete pontos contém um aforismo essencial sobre o segundo passo para a coragem, que transforma os *kleshas* em amor e compaixão: "Três objetos, três venenos, três sementes de virtude". "Três objetos" referem-se a três categorias – objetos que achamos agradáveis, desagradáveis e neutros, os que não nos provocam nenhum sentimento específico. Os três venenos – apego, agressividade e ignorância – surgem em resposta a esses objetos. A expressão "Três sementes de virtude" sugere que esses venenos podem ser valiosos.

Entra dia, sai dia, praticamente sem intervalos, quase todo mundo neste planeta experimenta os três venenos. Algumas pessoas são mais envolvidas com o apego, outras com a agressividade e outras com a ignorância, mas seja como for todos nós sofremos com os venenos, nossas reações a eles e as consequências dessas reações. Os *kleshas* são o resultado inevitável da ilusão da separatividade. Trungpa Rinpoche diz em um de seus textos:

> Do grande espelho cósmico
> Sem início e sem fim,
> A sociedade humana se manifestou.
> Naquele instante surgiram a liberação e a confusão.

A partir do grande espelho cósmico, a base fundamental – a base aberta e imparcial – ou reconhecemos que somos parte dessa base ou nossa experiência será de estarmos separados. Uma vez que haja esse senso de separação, há *eu* e *você*, *a meu favor* e *contra você*, *deveria* e *não deveria*. E a partir disso, emergem os *kleshas*. A natureza dos *kleshas* é sempre a mesma que a da base fundamental, mas sem esse reconhecimento, eles com certeza causarão muita dor.

Visto que a energia dos *kleshas* não é boa nem má, por que somos tão capturados por eles? A resposta é: por causa de nossos pensamentos. Somente nossos pensamentos os tornam positivos ou negativos. Como nossa propensão geral é achar difícil lidar com a energia dos *kleshas*, tendemos a fugir dela de maneiras prejudiciais. Daí a necessidade de desacelerar o processo e permitir a atenção ao vão.

Na prática da transformação, iniciamos com a atenção ao vão e depois damos um passo adiante. Usamos nossos pensamentos intencionalmente para dar uma direção positiva aos *kleshas*. Fazemos isso usando a dor de nossas emoções – aquela mesma intensidade que geralmente evitamos – para nos conectarmos com os outros.

Agora mesmo, qualquer coisa que estejamos enfrentando, outros também estão. Qualquer coisa que esteja tumultuando nosso coração está tumultuando o coração de inúmeros outros. Há incontáveis outros seres que estão se sentindo perturbados por suas emoções, sendo capturados por seus enredos, sendo acionados e reagindo de forma destrutiva. E essa confusão, ansiedade e aflição estão acontecendo de diversas formas, vêm com muitos sabores. Contudo, nunca é apenas a *minha* dor. Qualquer coisa que eu sinta é compartilhada por todos. Ao tocar a raiva, conheço a raiva de todos os seres. Ao entrar em contato com o desejo insaciável, conheço o apego de todos os seres. Todos os sentimentos são universais, sentidos por todos nós. Nesse sentido, estamos todos no mesmo barco.

Na maioria das vezes em que estamos confusos, ansiosos ou aflitos, ficamos envolvidos com nosso próprio desconforto, o que nos desconecta dos outros. Perdemos de vista o fato óbvio de que, assim como nós, ninguém gosta de se sentir irritado, deprimido ou inseguro. Ninguém é indiferente ao próprio sofrimento. Sabemos disso por experiência e por tudo que observamos. Desse modo essencial, todos – agora e ao longo do tempo – são exatamente como nós. Todos queremos estar livres de qualquer forma de dor. Todos queremos aproveitar nosso tempo nesta terra e não vivê-lo como um fardo.

Os ensinamentos da transformação nos sugerem usar nossa dor emocional como trampolim para abrir nosso coração aos outros. Sem ter a experiência do sofrimento, temos apenas uma ideia abstrata do que se passa com os outros. Então, quando sentimos o puxão do apego, a ardência da raiva, a vacância da ignorância, em vez de nos ressentirmos dessas emoções, podemos apreciá-las por nos dar um *insight* sobre a experiência dos outros. Elas podem nos ajudar a desenvolver empatia por toda a humanidade. Assim, os três objetos e venenos se transformam em sementes de virtude.

Por exemplo, suponhamos que seu *klesha* mais pronunciado seja a ignorância. Cada vez que você se encontra numa situação complicada, está tendo uma conversa difícil ou sentindo-se oprimido, é como se uma película de plástico se erguesse entre você e o mundo externo. Você mal consegue falar ou se relacionar. Essa tendência lhe causa dor enorme. Você se sente condenado a passar por esse terrível entorpecimento repetidamente. Sente-se desesperadamente preso.

Mas aqui tente pensar sobre seu entorpecimento de outra maneira. Considere que milhões de pessoas no mundo inteiro estão sentindo o mesmo que você está sentindo agora. Assim como você, nenhuma delas recebe bem esse sentimento. E além do momento presente, quando se pensa na vastidão do tempo, o número de pessoas que já tiveram essa sensação desagradável é ilimitado. Além disso, esse é apenas um tipo de sofrimento. Todos nós temos nossas próprias versões, mas de uma forma ou de outra todos passamos por dores emocionais ao longo de nossas vidas. Quando nos conectamos com o que está se passando conosco e percebemos que a mesma coisa acontece com tantos outros, surge uma possibilidade real de derrubar as barreiras entre nós e os outros, em vez de erguê-las. Ao contemplar nossa semelhança com os outros, começamos a questionar a ilusão da separatividade.

Ter empatia e ternura pelos outros se baseia em ter empatia e ternura por si mesmo. Quanto mais conseguimos sentir o que sentimos, mais seremos capazes de saber em primeira mão o que os outros sentem. Como realmente saber o que os outros estão atravessando e sentir ternura por eles se não sentimos essas coisas e nem desenvolvemos ternura por nossas próprias tristezas?

Assim sendo, um passo importante para transformar os *kleshas* em sementes de virtude é entrar em contato com um senso de amorosidade para consigo próprio. Imagine se, de agora em diante, você se aceitasse: suas propensões, seus defeitos, o pacote inteiro. Imagine se você pudesse confiar que não é uma ameaça a si mesmo, que está aqui para se ajudar.

Cultivar um sentimento de carinho incondicional por si mesmo é o alicerce que o habilita a transformar seus *kleshas* em amor pelos outros. Digamos, por exemplo, que você seja um mentiroso compulsivo. Se você simplesmente odeia esse fato a seu respeito, sempre irá virar a cara para qualquer oportunidade de olhar para o que está acontecendo. Você se sentirá muito ameaçado até para perguntar a si mesmo por que mente tanto: o que está tentando alcançar e o que está tentando evitar. Essa negação dará ao problema as condições ideais para crescer, como um mofo que se prolifera no escuro.

Mas se você desenvolver curiosidade e simpatia em relação à sua tendência a mentir (sem alimentá-la, mas explorando-a), naturalmente começará a ter empatia por outros que fazem o mesmo. Entenderá quanta infelicidade essa tendência causa – como ela impede as pessoas de se sentirem bem consigo mesmas, e como essa baixa autoestima costuma levá-las a atacar o mundo. Entenderá também o quanto é difícil parar de mentir, mesmo quando se torna dolorosamente óbvio o quanto seria bom parar.

Só podemos calçar os sapatos alheios quando somos capazes de calçar os nossos. Quando fazemos vista grossa às nossas emoções e propensões, nos desligamos dos outros. É simples assim.

14

Duas práticas para transformar o coração

Existe uma prática para desenvolver a coragem de sentir o que sentimos. Chama-se "repouso compassivo". Tendo o repouso compassivo como fundação, podemos depois fazer a prática na qual vemos nossa semelhança com os outros, assim como descrevi.

Se, por exemplo, tivermos uma propensão a sentir inveja, tendemos a fazer qualquer coisa para evitar esse sentimento desagradável. Mas na prática do repouso compassivo, em vez de afastá-lo, abrimos o coração ao sentimento de inveja. Não só nos permitimos senti-lo, como chegamos a lhe dar boas-vindas: nós o inspiramos generosamente, assim como faríamos com o ar puro do campo. Depois, ao expirar, relaxamos, damos espaço e nos abrimos. O repouso compassivo tem o potencial de mudar toda nossa relação com a inveja ou qualquer outra emoção. Em vez de serem firmemente localizados na categoria de "desagradável" ou "venenoso", os sentimentos se tornam benéficos, nos ajudam. Na inspiração, nós nos abrimos aos sentimentos como se estivéssemos abrindo os braços para uma pessoa amada. Na expiração, damos aos sentimentos espaço ilimitado, como se os enviássemos para o vasto céu azul.

Além de respirar uma emoção difícil, podemos usá-la para contemplar nossa semelhança com os outros. A qualidade incisiva de uma emoção como a inveja pode nos lembrar de quantas pessoas têm essa mesma propensão. Neste instante, quantas pessoas – de todos os países, todas as cidades, todas as vilas do globo – estão sentindo inveja? Quantas sofrem com esses sentimentos numa intensidade até maior que a nossa? E dessas incontáveis pessoas, quantas – ao contrário de nós – têm pouca ou nenhuma perspectiva de como trabalhar com suas emoções dolorosas? Sinceramente, quando contemplo isso chega a me dar vontade de chorar e me inspira a não desperdiçar a vida somente sentindo pena de mim mesma.

Baseados nisso, podemos praticar *tonglen*, a prática de enviar e tomar.[4] Aqui, levamos as coisas ainda mais longe, inspirando não apenas nosso próprio desconforto, mas o dos outros também. Se estivermos com raiva, por exemplo, pensamos sobre a quantidade de outras pessoas sentindo o mesmo. Em termos da qualidade energética, nossa raiva não difere da de ninguém. Assim sendo, quando inspiramos nossa raiva, imaginamos que também estamos inspirando a raiva das pessoas do mundo todo. Enquanto fazemos isso, pensamos: "Que todas as pessoas do mundo sejam livres da raiva. Que todos os seres se-

---

4 Se não conhece essa prática e gostaria de instruções detalhadas, veja o apêndice B.

jam livres do sofrimento e de suas causas". E levando isso à sua extensão máxima: "Que todos os seres despertem para sua natureza verdadeira".

Como complemento natural de inspirar a dor emocional, quando expiramos podemos enviar para os outros quaisquer emoções e qualidades positivas que possa lhes levar alegria e alívio, tais como amor ou confiança, saúde ou relaxamento. A parte de "enviar" do *tonglen* é um modo de compartilhar nossa felicidade e boa fortuna com os demais, que têm o mesmo desejo de serem felizes e afortunados que nós temos. Isso contrapõe qualquer hábito inconsciente que possamos ter de guardar todas as coisas boas para nós mesmos, de enfatizar nosso próprio bem-estar muito mais do que o bem-estar dos outros.

Às vezes me pergunto: "O que é mesmo que estou inspirando?" Sim, as emoções são dolorosas e provocam um estrago, mas serão tão sólidas assim? Se eu tentar encontrar a inveja ou a raiva, haverá algo para agarrar? De acordo com os ensinamentos, o material da inspiração e da expiração é vazio – apenas uma forma vazia, livre de todos os rótulos, livre de bom ou mau. Vale muito a pena refletir sobre esse modo absoluto de olhar para essa prática.

Por meio da prática de enviar e tomar – usando a alternância natural da respiração como um meio – podemos transformar qualquer emoção perturbadora em uma semente de virtude, uma semente de amor e compaixão. À medida que ganharmos experiência na aplicação dessa prática a diferentes emoções e em situações diversas, nos sentiremos menos ameaçados pela nossa dor emocional. Pelo contrário, nossos *kleshas* se tornarão recursos preciosos, pois nos ajudarão a gerar o coração compassivo da *bodhicitta*, o desejo de remover o sofrimento dos outros seres e fazer o que for necessário para ter êxito nisso.

Quando perguntei a Trungpa Rinpoche o que fazer na hora da minha morte, ele disse: "Treine agora em repousar na consciência aberta e, se na hora da morte surgir medo ou outras emoções, faça *tonglen* para todos os outros que estão morrendo e sentindo essas mesmas coisas. Pense em aliviá-los do sofrimento e envie felicidade para eles." Faz anos que pratico assim, especialmente quando sinto medo. Inspiro o medo e penso nos outros e naquilo pelo que estão passando. Desse modo, abrirei meu coração agora e no momento da minha morte.

15

O terceiro passo para a coragem: emoções como caminho de despertar

O terceiro método de trabalhar com nossas emoções – o terceiro passo para a coragem – é usá-las como um caminho de despertar. A ideia é nos permitirmos experimentar a energia dos *kleshas* de modo total e direto. Ao fazer isso, descobrimos que eles contêm toda sabedoria de que necessitamos para despertar. Essa experiência faz surgir uma confiança inabalável – uma confiança que nos traz destemor na vida e na morte.

Como já disse, todos nós viemos a esse mundo com uma inconsciência coemergente, um mal-entendido básico sobre como as coisas são. Acreditamos que temos algum tipo de identidade estável, algo que faz de "mim" um *eu* – algo separado do resto. Com base nesse mal-entendido, nos encontramos constantemente fisgados pela miríade de prazeres e dores que o mundo tem a oferecer. Nossa mente fica completamente envolvida pelos *kleshas* e todos os problemas que os acompanham. Os ensinamentos afirmam que esse processo doloroso continuará até despertarmos completamente da inconsciência, até vermos a nós mesmos e a todos os fenômenos como realmente são: fugazes, insubstanciais e amplos de possibilidades, nunca separados da base fundamental, nunca separados do espelho cósmico.

O termo "ignorância coemergente" é interessante, pois deixa implícito que a ignorância não aparece sozinha. O Buda ensinou que onde houver confusão, também há sabedoria: "sabedoria coemergente". Sempre que somos fisgados, sempre que nossos *kleshas* são acionados, sempre que perdemos as estribeiras e agimos de forma destrutiva, ficamos nas garras da confusão. Mas essa mesma confusão é inseparável da nossa mais profunda sabedoria. Na analogia tradicional, confusão e sabedoria são como gelo e água, que são feitos das mesmas moléculas. A única diferença é que o gelo está congelado e a água não.

A confusão ocorre por termos uma visão congelada de nós mesmos e do mundo. É produto do nosso desconforto com a natureza insubstancial das coisas – sua natureza de espelhamento cósmico. A maioria das pessoas experimenta esse espaço aberto como falta de sustentação. Raiva, apego, inveja e todos os outros *kleshas* são parte desse desconforto. Se não tivermos meios eficazes para trabalhar com isso, eles podem arruinar nosso estado mental e prejudicar não somente a nós, mas aqueles que nos rodeiam. É por isso que aprendemos a trabalhar com nossas emoções.

O uso das emoções como um caminho de despertar baseia-se em simplesmente deixar a emoção ser, assim como ela é. Digo "simplesmente", mas sei que isso é mais fácil falar do que fazer. O ego somente se sente em casa quando está interferindo, tentando consertar as coisas. Está sempre nos dizendo que não podemos deixar as coisas em paz. Portanto, é preciso ter paciência e coragem se quisermos aprender a deixar os nossos *kleshas* em paz.

Primeiramente, é preciso dar espaço suficiente aos *kleshas* para podermos enxergar o que está acontecendo. E botar nossa emoção em perspectiva. Isso não significa exatamente nos distanciar do *klesha*; é mais como posicionar a mente de modo a ter uma visão clara. Fazer isso requer a prática da contenção. Requer atenção ao vão, uma pausa consciente antes de falar ou agir. Fica difícil ter qualquer perspectiva quando estamos acionados.

Tendo uma perspectiva clara, nós nos permitimos experimentar a emoção do modo mais completo possível. Isso se assemelha a nos permitirmos sentir o que sentimos, mas vai além. Nesta prática, queremos aprender o que a emoção realmente é. Em vez de colocá-la numa categoria, como positiva ou negativa, tentamos contatar sua energia de forma direta e íntima, para conhecer sua essência. Queremos conhecê-la, não meramente com nossa mente conceitual, mas de modo profundo, com o coração e todo o nosso ser.

Anam Thubten faz a distinção entre os *kleshas* comuns e os *kleshas* conscientes. Os *kleshas* comuns são o que conhecemos. Por exemplo, quando estamos num estado compulsivo, a sensação é desagradável, ficamos sem perspectiva ampla sobre ele e geralmente reagimos de maneira prejudicial. É nos *kleshas* conscientes que reside a sabedoria. Quando vamos além de nossa propensão a sermos perturbados pelo apego, quando conseguimos experimentá-lo como uma forma de energia desperta, a emoção perde seu poder de nos perturbar. Em vez disso, torna-se algo precioso, parte da preciosidade da vida.

Ao nos relacionarmos desse modo com nossas emoções, descobrimos seu aspecto iluminado: a sabedoria que é coemergente com a ignorância e a confusão. Ela está sempre presente, em cada um dos nossos *kleshas*. Para contatá-la, simplesmente deixamos que o *klesha* seja o que é. Então, o gelo se derrete e experimentamos a qualidade aberta, fluida da água.

Não é coisa fácil. Não só exige prática para contatar a sabedoria nos *kleshas*, como também para distinguir entre os dois, entre sabedoria e não reconhecimento. Como saber se estamos vivenciando o aspecto neurótico da energia ou o aspecto desperto? As evidências mais claras costumam se encontrar em nosso corpo. Geralmente, nossos *kleshas* comuns correspondem a alguma forma de contração física. Sentimos um aperto no estômago ou nas mandíbulas ou, mais sutilmente, no coração ou plexo solar. Quando as emoções estão no estágio de brasa, pode ser difícil detectar essa contração. Mas se tivermos prática em sintonizar com nossas emoções e nosso corpo, a contratura física pode servir de indicativo do momento em que somos fisgados pelos *kleshas* comuns.

Ao entrarmos em contato com a sensação física da nossa neurose, passamos a conhecer o sentimento da sabedoria também. Desse ponto de vista, sentimos a sabedoria como um relaxamento, uma expansão, uma abertura. Em vez de lutar com nossas emoções, permitimos que sejam. Não as extravasamos nem as reprimimos. Simplesmente deixamos que sejam. Simplesmente nos conectamos com a sensação. Em vez de nos contrairmos com nossas firmes opiniões e narrativas, relaxamos e permitimos que a sabedoria coemergente em nossos *kleshas* fale por si mesma. Se praticarmos dessa forma, nossas próprias emoções se tornarão nosso caminho mais direto para o despertar.

16

Os cinco sabores da sabedoria

A ideia de que sabedoria e confusão são coemergentes me impactou profundamente. Foi o que me atraiu para o budismo tibetano e os ensinamentos de Chögyam Trungpa Rinpoche. Isso foi no início da década de 1970, quando eu estava no fundo do poço, na pior fase da minha vida. Eu havia frequentado todos os *ashrams*, estado com todos os gurus de diversas nacionalidades e tradições. Havia até tentado um fim de semana de Cientologia. Mas nada parecia se comunicar comigo sobre o que realmente estava acontecendo em minha vida – sobre a grande bagunça que eu considerava ser minha vida.

Eu estava morando no norte do Novo México, onde muitos hippies de Haight-Ashbury haviam chegado para explorar as diversas comunidades e estilos de vida alternativos. Certo dia, entrei na caminhonete de um amigo e encontrei uma revista chamada *Garuda*, publicada por alunos de Trungpa Rinpoche. Estava aberta num artigo chamado "Trabalhando com a negatividade".

O primeiro parágrafo quase me fez cair para trás. Rinpoche dizia que experimentamos a negatividade como "terrivelmente desagradável, fedorenta, algo que queremos eliminar". Porém, continuava, "se a olharmos de modo mais profundo, ela tem um cheiro suculento e está bem viva". Ela é "viva, precisa, conectada com a realidade".

Quando olho para esse ensinamento lá atrás, me pergunto de que forma eu o interpretei na época. Mas entendi a essência da mensagem: "Não há nada de errado no que está se passando com você. Apenas fique com a energia e não se perca. Então, descobrirá algo muito valioso ali". Pouco tempo depois, Trungpa Rinpoche foi para o Novo México e pude assistir aos seus ensinamentos. Daquele ponto em diante, pelos 15 anos seguintes, tive a oportunidade de me aprofundar continuamente nesses ensinamentos sob a orientação de Rinpoche.

Um dos pontos que Rinpoche costumava enfatizar era que a sabedoria descoberta em nossa neurose vem em diferentes sabores. Nos ensinamentos budistas, há cinco *kleshas* primários: apego, agressividade, ignorância, inveja e orgulho. Embora todo mundo passe por todo o leque de emoções, tendemos a ter uma que se destaca. Predominantemente, experimentamos o aspecto neurótico daquela emoção, mas com a ajuda desses ensinamentos podemos aprender a reconhecer seu aspecto sábio e a nos conectar com ele – o lado desperto, desprovido de ego, do *klesha*. Então, a energia da emoção pode servir para nos iluminar em vez de nos pôr para baixo.

Algumas pessoas, por exemplo, estão sempre embrenhadas na agressividade. Esse *klesha* aparece em seus relacionamentos, no trabalho, em muitas áreas de suas vidas. Se elas o deixam passar sem verificação, as consequências serão muito prejudiciais, inclusive para aqueles que as cercam. Pode transformar a vida num inferno.

Se adotarmos a abordagem de usar nossas emoções como caminho de despertar, olharemos de modo mais profundo para a agressividade e tentaremos entrar em contato com sua energia básica diretamente. Se conseguirmos fazer isso sem deixar que nosso ego interfira muito, descobriremos o sabor especial daquela emoção, o sabor da mente desperta. Desse ponto de vista, o surgimento de qualquer *klesha* torna-se uma grande oportunidade de acessar nossa natureza mais profunda, nossa natureza de mente aberta e coração aberto, livre de ego.

No caso da agressividade, descobrimos o que é conhecido como "sabedoria do espelho". Ela tem as qualidades de nitidez e precisão; corta através do engano e vê tudo com clareza. A sabedoria do espelho é a água específica que aparece quando o gelo da agressividade derrete.

O *klesha* do apego é coemergente com a "sabedoria do discernimento". A manifestação neurótica da energia aparece como gananciosa, carente, desejosa. Mas ao relaxar e permitir que a energia seja, derretemos esse gelo e descobrimos seu aspecto desperto. Essa é uma qualidade calorosa, compassiva, que acompanha a habilidade de estar conectado com os detalhes da vida – observando, se interessando, tendo um *insight* profundo dos detalhes.

As pessoas que se envolvem com o aspecto neurótico da inveja tendem a ser aceleradas, ocupadas e críticas – querendo criar um mundo arrumado, uniforme. O aspecto desperto é conhecido como "sabedoria que tudo realiza". Quando experimentamos essa energia livre de luta e contração, ela nos permite realizar as coisas com facilidade para o benefício de todos os envolvidos.

O aspecto neurótico do orgulho está associado à ocupação excessiva do espaço. Em forma física, isso pode se evidenciar no modo como alguém se instala quando chega a um retiro de meditação. Além de sua almofada, a pessoa arruma 14 cobertores, três garrafas térmicas, dois xales e um par de chinelos. Se nos conectarmos com a essência dessa energia, ela se transforma na "sabedoria da equanimidade". Em vez ser tão seletivo, começa a haver mais abertura à vida como ela é – uma atitude de deixar acontecer o que quer que aconteça, um senso de ausência de ego.

O *klesha* da ignorância tem as qualidades de ser embotado, letárgico e desconectado. Em sua forma extrema transforma-se em entorpecimento. O aspecto desperto chama-se "sabedoria do *dharmadhatu*". Uma tradução aproximada de *dharmadhatu* seria "espaço todo-abrangente". É o espaço completamente aberto, fresco, não condicionado, que tudo permeia e tudo acomoda.

Na década de 1980, tive a oportunidade de observar essa qualidade, tanto em seu aspecto desperto quanto neurótico, num colega de estudos. Eu havia conhecido esse homem somente como professor. Ele era um professor brilhante, espaçoso e acomodava tudo. Suas palavras transmitiam imensa quietude e abertura. Quando ensinava, sempre ressoava com essas qualidades em mim. Com seu jeito discreto, ele criava uma atmosfera de expansividade.

Com o tempo, passei a conhecê-lo pessoalmente e muitas vezes o sentia disperso, beirando a depressão – com tendência ao tédio e ao mau humor. Foi minha primeira experiência de ver os dois aspectos coemergentes de uma qualidade emocional manifestada de modo tão claro.

O ponto essencial a lembrar é que, em todas essas cinco formas, a sabedoria e a neurose são coemergentes. Uma não existe sem a outra. Existe uma tendência a pensar: "Não quero a inveja; quero apenas a sabedoria que tudo realiza. Não quero nenhuma propensão neurótica; só quero as partes iluminadas". Mas isso é como uma pessoa com sede num deserto, que miraculosamente se depara com um bloco de gelo e diz: "Não é gelo o que eu quero. Vou jogar isso fora e procurar por água em outro lugar." Não há outro lugar onde procurar. É somente uma questão de reconhecer que a verdadeira natureza do gelo não é diferente da água que mata a sede. Do mesmo modo, se quisermos descobrir nossa própria sabedoria, não há onde procurar senão em nossa própria neurose. Podemos descobrir que há emoção com ego e emoção sem ego.

Quando Trungpa Rinpoche começou a ensinar no Ocidente, o campo estava inteiramente aberto. Como ele foi uma das primeiras pessoas a apresentar o budismo tibetano em profundidade para esta parte do mundo, tinha em mãos ilimitadas possibilidades de como instruir as pessoas. Portanto, sempre achei interessante que um dos tópicos por ele enfatizado desde o início foi a sabedoria inerente aos *kleshas*.

Cada par das cinco sabedorias-neuroses está ligado a uma "família búdica" ou "família desperta". Cada família está centrada num buda específico, um ser completamente desperto que corporifica o aspecto desperto do *klesha*.

Como Trungpa Rinpoche colocava: "Vocês pensam na iluminação como um daqueles budas serenos: um leve sorriso, bem calmo, tão lindo de se olhar. Mas há muitos modos de ser são". Por um lado, podemos pensar na sabedoria como pura, imparcial, um espaço aberto; contudo, ela vem com qualidades. A iluminação vem com cinco qualidades básicas, cinco expressões de sanidade. Criar familiaridade com os budas é extremamente benéfico não apenas nesta vida, mas também, como veremos, nos bardos ainda por vir.[5]

A sabedoria do espelho e a agressividade são ligadas à família *Vajra*. Seu símbolo, o *vajra*, é um objeto ritual que representa a indestrutibilidade. A essência da qualidade *vajra* e sua sabedoria do espelho é o Buda conhecido como Akshobhya. A sabedoria do discernimento e a neurose do apego são ligadas à família *Padma*, simbolizada pelo lótus. Sua corporificação desperta é o Buda Amitabha. A sabedoria do *dharmadhatu* e a ignorância correspondem à família *Buddha* e ao Buda Vairochana. A sabedoria da equanimidade e o *klesha* do orgulho acompanham a família *Ratna*, simbolizada por uma joia e pelo Buda Ratnasambhava. Finalmente, a sabedoria que tudo realiza e a inveja são associadas à família *Karma* e ao Buda Amoghasiddhi. E todas essas famílias são conectadas à sua própria cor, elemento, estação, período do dia e assim por diante – a "qualquer aspecto do mundo fenomenal", como dizia Rinpoche.

---

5   Uma tabela com as cinco famílias búdicas e suas qualidades encontra-se no apêndice C, na página 223.

Algo essencial a ser lembrado e que nos servirá nos bardos é que a natureza de todos esses budas, esses seres despertos, não é diferente da natureza de nossa própria mente. Rinpoche achava muito importante saber qual é nossa família búdica pessoal porque isso pode servir como uma chave para nos conectarmos com nossa natureza iluminada – nossa natureza de buda – à qual ele se referia como "bondade básica" ou "bondade fundamental". Seja qual for o *klesha* que nos consome com mais poder e frequência – seja qual for o que mais nos exaure, mais nos emperra, mais nos envergonha – trata-se da passagem mais direta para nossa sabedoria profunda, nossa bondade básica. Isto é, claro, se conseguirmos contatar sua energia diretamente, sem o apego e a aversão produzidos pela fixação ao ego.

Você pode se acusar de ser muito zangado, pegajoso, aéreo, invejoso ou arrogante, mas dentro de cada uma dessas emoções perturbadoras está a sabedoria pessoal da sua família búdica – seu próprio estilo de sanidade. Talvez pense consigo mesmo: "Tenho um terrível problema de irritabilidade!" Mas um ser iluminado viraria o jogo e diria: "Sorte a sua! Você está em contato direto com a sabedoria do espelho do Buda Akshobhya. Se não lutar contra essa energia, se conseguir unir-se a essa energia, ela o despertará".

Rinpoche queria que conhecêssemos intimamente a qualidade da nossa principal neurose, para nos familiarizarmos com seu "cheiro bem suculento" e ver aquilo como parte da riqueza do nosso ser. Ele queria que parássemos de desejar que fôssemos diferentes, que parássemos de tentar mudar ou esconder nossa qualidade básica. Em vez disso, ele queria que lhe déssemos as boas-vindas – deixando o gelo virar água, simplesmente ficando conscientes do *klesha*, relaxando com a energia, permitindo-o apenas ser. Mas isso não significava alimentar a emoção, nada disso. Alimentá-la seria agir a partir dela ou reprimi-la. O que ele nos incentivava a fazer era repousar no meio da energia, da melhor maneira que conseguíssemos, e deixar que essa habilidade de repousar se estendesse de modo gradativo e natural ao longo do tempo.

Em seu livro *Journey without Goal* [Jornada sem meta], Rinpoche diz: "Ao trabalhar com as famílias búdicas, descobrimos que já temos certas qualidades. Não podemos ignorá-las, rejeitá-las nem tentar ser outra coisa. Temos nossa agressividade, nossa paixão, nossa inveja, nosso ressentimento, nossa mentalidade de pobreza, nossa ignorância. Seja o que for que tenhamos, já pertencemos a certas famílias búdicas. Deveríamos trabalhar com elas, nos relacionarmos com elas e experimentá-las da maneira adequada. São nosso único potencial e quando trabalhamos com elas, veremos que podemos usá-las como pontes para a iluminação."

Certa vez, em Gampo Abbey, circulou uma piada sobre quem você escolheria para ser seu contato, a pessoa que levaria as coisas para sua cabana durante seu retiro solitário. Nosso sistema era o seguinte: a pessoa em retiro deixava um recado do lado de fora da cabana, caso precisasse de alguma coisa, e o contato verificava e levava os mantimentos ou o que fosse.

Digamos que você escrevesse: "Eu gostaria de queijo suficiente para uma semana". A piada era: o que um representante de cada família búdica levaria? O contato *Vajra* lhe entregaria sete fatias finas de queijo muito bem cortadas e separadas uma da outra por papel manteiga. A pessoa *Ratna* lhe daria o queijo inteiro. *Padma* levaria o queijo numa cesta, embrulhado num pano xadrez adornado com flores silvestres que ela mesma colhera. O contato *Karma* pegaria o carro e percorreria umas dez lojas à procura do tipo perfeito de queijo e depois iria reclamar com você o quanto foi exaustivo. A pessoa da família *Buddha* simplesmente se esqueceria de ir. Na verdade, nem se lembraria de verificar se havia um recado.

Essa piada relacionava-se a um jogo inventado por Trungpa Rinpoche para ajudar as pessoas a terem noção do sabor específico de cada família búdica. Ele o chamou de "jogo das qualidades". Fiz esse jogo com alunos de Gampo Abbey alguns anos atrás quando estava ensinando sobre os bardos. Uma pessoa pensava numa família búdica específica e as outras tentavam adivinhar qual era. Para isso, faziam perguntas como "Se essa família búdica fosse um país, qual seria?". Ou: "Se fosse uma música, qual seria?".

Uma vez, quando escolhi *Padma*, uma das perguntas foi: "Se você fosse um tipo de calçado, qual seria?". Eu (como *Padma*) respondi: "Chinelos macios cor de laranja". À questão "Se você fosse uma profissão, que profissão seria?", minha resposta foi "Funcionária de um *hospice*, trabalhando com cuidados paliativos". Quando as pessoas se acostumam com esse jogo, geralmente conseguem adivinhar a família búdica após algumas tentativas. Isso as ajuda a ficarem mais sintonizadas com as qualidades específicas que acompanham cada família.

Podemos ver os frutos do trabalho com as famílias búdicas em alguns dos maiores sábios do nosso tempo. Quando penso nos meus próprios professores, embora não consiga identificar com certeza, tenho uma noção de suas qualidades específicas. Sua Santidade o Décimo Sexto Karmapa tinha uma forte qualidade da família *Padma*. Sua presença era como uma luz dourada, como o sol. Sua risada era calorosa e ele segurava minha mão de modo muito carinhoso.

A qualidade de Sua Santidade Dilgo Khyentse Rinpoche, um mestre altamente reverenciado por todos os meus principais professores, era mais como uma luz branca. Em sua presença, em vez de ficar sob o calor do sol, a sensação era mais de sair para a vastidão do espaço. Seus discípulos o chamavam de "Sr. Universo". Para mim, ele exemplificava a sabedoria da família *Buddha*.

Quanto a Trungpa Rinpoche é mais difícil distinguir. Ele mostrava muitas das qualidades, mas talvez fosse mais fácil ver sua qualidade da família *Buddha*. Ele tinha aquela presença espaçosa, estável, sábia, associada à sabedoria do *dharmadhatu*.

Meu principal mestre vivo, Dzigar Kongtrul Rinpoche, é interpretado por muitas pessoas como fortemente *Vajra*. Ele é muito esperto, adora estudar o *Dharma* e sabe como ir direto ao ponto quando ensina. Manifesta a sabedoria do espelho. Mas quando vim a conhecê-lo melhor, descobri que ele também é bastante *Ratna*. Se você for visitá-lo, verá que ele possui todo tipo de estátuas, pinturas *thangka* e outros objetos. Na primeira vez que fui à sua cabana de retiro, pensei: "Não há mais nenhum espaço para alguma coisa entrar aqui". Mas desde então ele deu um jeito de encaixar bem mais. Para mim, *Vajra* e *Ratna* são suas qualidades básicas: sua sabedoria do espelho e sua sabedoria da equanimidade.

Todos nós temos nossas próprias qualidades básicas e cada uma delas contém sabedoria. Elas são nosso único potencial. Para enfatizar que nossas qualidades búdicas não têm nada de vergonhoso, Trungpa Rinpoche as comparou à culinária étnica. Seja qual for a cultura ou parte do mundo a que pertencemos – África, Sul da Ásia, Oriente Médio, Europa – podemos nos orgulhar da comida que preparamos. Faz parte de quem somos. Da mesma forma, podemos nos orgulhar de sermos *Vajra*, *Karma* ou *Padma*. Faz parte de quem nós somos.

A única diferença entre nós e os praticantes muito avançados é que passamos a maior parte do tempo nos contraindo contra nossas emoções e perpetuando a neurose, enquanto eles conseguem relaxar com a energia de sua família búdica, permanecer em sua sabedoria e exibir suas qualidades maravilhosas. Tendemos a lutar contra o que somos, enquanto pessoas como meus professores assumem plenamente, e com confiança, quem elas são. São capazes de fazer o melhor uso de suas qualidades inerentes para aproveitar a vida e beneficiar os outros.

17

Experimentar as coisas como elas são: o bardo do dharmata

Compartilhei com vocês algumas das instruções que recebi para trabalhar com as emoções. Testadas e comprovadas ao longo do tempo, elas podem ser colocadas em prática agora mesmo, no bardo desta vida ou em quaisquer dos que ainda estão por vir. O modo como trabalhamos com nossos pensamentos e emoções agora é o que levaremos conosco ao morrer. Não podemos adiar até o fim; até lá será tarde demais. Portanto, a hora é agora. Como vivemos é como morremos. Se praticarmos essas instruções agora com a visão de como podem nos ajudar durante os bardos da morte, estaremos bem preparados para atravessar sabe-se lá o quê.

Quando interrompemos nossa conversa sobre o processo da morte, tínhamos chegado ao estágio em que as aparências desta vida se dissolvem. Nesse ponto, todas as nuvens da confusão e do hábito se dissiparam e o que resta é somente a verdadeira natureza da nossa mente: aberta, como um céu azul e limpo. Na realidade, nunca estamos separados dessa natureza semelhante ao céu, desse espelho cósmico. Ao morrer, temos a chance de perceber isso completamente.

No momento da dissolução final, é como se nossa natureza desperta nos fosse entregue numa bandeja de prata. Se conseguirmos nos fundir com essa natureza – se conseguirmos fundir a luminosidade-filha com a luminosidade-mãe – obteremos a iluminação ali mesmo, "como um filho ou filha voltando para casa". Entretanto, essa oportunidade – que os praticantes desta tradição consideram a maior de toda a vida – passa como um raio. Dizem que a grande maioria das pessoas, inclusive de meditantes, perde essa chance e então vai para o próximo bardo, o bardo do *dharmata*. *Dharmata* significa "a verdadeira natureza dos fenômenos", ou simplesmente "as coisas assim como elas são". Essas expressões sugerem que durante esse bardo temos a experiência direta da realidade, sem nossas visões e opiniões usuais, sem nenhuma sobreposição conceitual.

Acho *O livro tibetano dos mortos* bem-humorado de certa forma, pois o que basicamente nos diz é: "Se você fizer o que vou lhe contar, seu despertar é certo". Aí, ele nos conta o que fazer e diz: "Mas caso perca essa chance, estará em outra situação e poderá fazer outra coisa". E continua assim, nos apresentando uma oportunidade após outra. Gosto de pensar nele como "o livro da segunda chance". O bardo do *dharmata* nos dá não apenas uma, mas muitas segundas chances.

Se perdermos a oportunidade de nos fundirmos com a luminosidade-mãe, nossa consciência finalmente abandona o corpo e ficamos inconscientes. Então é como se nos dessem uma anestesia geral: adentramos um estado mental completamente apagado, sem qualquer consciência.

Quando acordamos, estamos no bardo do *dharmata*. Aqui, em comparação à experiência usual durante o bardo desta vida, nosso coração e nossa mente estão muito mais abertos – numa abertura máxima. É um estado desprovido de ego. Estamos temporariamente livres do nosso ponto de referência mais habitual, o senso de um eu. Temos uma experiência não dual. Desse modo, assemelha-se ao que já aconteceu após a dissolução dos elementos. A principal diferença é que no bardo do *dharmata*, a partir da base fundamental, as aparências começam a se manifestar em forma de visões e sons poderosos, e mais tarde com formas específicas.

Até certo ponto é assim que experimentamos as coisas mesmo agora, se desacelerarmos o bastante para perceber. Em qualquer encontro, primeiro há o espaço aberto. Algo se move em minha direção e o encontro está aberto, cheio de possibilidades, não solidificado de forma alguma. Ainda não formei conceitos sobre o que está acontecendo. Percebo, então, apenas a forma e a cor do objeto. Depois, ele fica em foco e tenho certeza de que é uma pessoa. Em seguida, posso sentir aversão, atração ou indiferença. A experiência vai da abertura total à crescente concretude e solidez.

Acho que vale a pena tentar transmitir alguma noção de como pode ser a experiência desse bardo. Embora me seja obviamente impossível verificar esses ensinamentos por experiência própria, eles foram transmitidos por uma longa linhagem de professores profundos e compassivos que nunca me enganaram. Por experiência, sei que os benefícios de explorar as partes mais misteriosas da tradição budista tibetana nem sempre são imediatamente óbvios, mas acabam ficando aparentes. Minha abordagem geral, como mencionei na introdução a este livro, é seguir o gentil conselho de Dzigar Kongtrul Rinpoche: nem rejeitar esses ensinamentos nem os engolir inteiros, mas inclinar-se em sua direção e abrir-se.

O bardo do *dharmata* é uma exibição magnífica de visões e sons. No início, a realidade projetada nesse bardo vem em forma de luzes brilhantes preenchendo o espaço: vastos arcos-íris, discos e lâminas de luz. Parece lindo, mas com a intensidade e o poder das cores, pode ser apavorante. Ao mesmo tempo, há sons extremamente altos, que Trungpa Rinpoche descreve como "o som de todos os instrumentos musicais do universo sendo tocados simultaneamente".

Em seguida, de acordo com *O livro tibetano dos mortos*, essas aparências começam a tomar a forma de deidades pacíficas e iradas que se manifestam numa sequência específica. As cinco primeiras deidades são os budas das famílias que acabamos de abordar. Embora sejam consideradas "pacíficas", não são tranquilizadoras no sentido que conhecemos. Sua qualidade desperta é muito intensa. O primeiro a aparecer é Vairochana azul, a corporificação da sabedoria do *dharmadhatu*, o aspecto de sabedoria do *klesha* da ignorância. A seguir vem Akshobhya, representante da sabedoria do espelho, a face desperta da agressividade. Depois vem Ratnasambhava amarelo (sabedoria da equanimidade, orgulho), seguido por

Amitabha vermelho (sabedoria do discernimento, apego) e Amoghasiddhi (sabedoria que tudo realiza, inveja).

Com o aparecimento de cada uma dessas deidades, temos a chance de alcançar o despertar completo fundindo-nos com o buda e sua luz colorida. Fazemos isso relaxando e e compreendendo que o que estamos vendo são nossas próprias projeções. Dzigar Kongtrul Rinpoche disse que a ideia é olhar diretamente para a luz e ficar com ela. Mais fácil falar que fazer, pois nosso primeiro instinto é desviar do brilho ofuscante da luz, que é sentida como perturbadora se não estamos acostumados a ela. Ao mesmo tempo, juntamente às luzes brilhantes, veremos luzes mais fracas, mais calmantes e a tendência será de sermos atraídos em sua direção. Mas a ideia de seguir o que é habitual, acalentador e viciante não é tão boa assim.

De certo modo é bobo, mas agora que estou familiarizada com esses ensinamentos, sempre que me deparo com uma luz muito brilhante, daquelas que me dá vontade de virar o rosto, estou me treinando para encará-la e relaxar. Contudo, somos inclinados a buscar as alternativas mais suaves e aconchegantes, mesmo que isso signifique ficar presos em nossas propensões e padrões já conhecidos. Trungpa Rinpoche dizia que éramos atraídos para a "mentalidade do conforto", um traço que ele sentia ser comum demais entre seus alunos.

O livro tibetano dos mortos discute essas alternativas mais aconchegantes em dois lugares. No bardo do *dharmata* e no seguinte, o bardo do vir-a-ser, as sedutoras luzes suaves nos atraem de volta ao *samsara*. Essas luzes suaves representam nossa reação habitual e previsível ao desconforto – somos atraídos pelo que nos acalma e não pelo que nos desafia. No bardo do *dharmata*, as luzes mais fracas são apresentadas como alternativa às luzes brilhantes e penetrantes da sabedoria. Temos uma escolha entre sermos puxados de volta para nossas propensões e *kleshas* ou ficar totalmente presentes com as luzes penetrantes da sabedoria. No bardo do vir-a-ser, as luzes suaves são também apresentadas como caminhos a serem evitados – são passagens para os seis estados da existência no *samsara*. Isso será plenamente descrito mais adiante neste livro.

A melhor maneira de nos prepararmos para essa situação é treinar durante esta vida, o máximo possível, a relaxar com a energia do nosso *klesha* dominante. Através desse processo, a qualidade desperta da nossa família búdica irá aos poucos se revelar. Então teremos melhores chances de nos fundir com essa energia quando ela aparecer em sua forma pura, não diluída, durante o bardo do *dharmata*. Se meu principal *klesha* é o apego, por exemplo, em vez de rejeitá-lo posso praticar o relaxamento com sua energia e talvez descobrir a compaixão e o calor da sabedoria *Padma*. Se eu fizer isso com frequência e ficar bem familiarizado com essa sabedoria, talvez reconheça a luz vermelha de Amitabha no bardo e naturalmente me dirigirei a ela e nela irei relaxar. Se isso não acontecer, sem problema – ainda estou lucrando ao fazer amizade com meu eu *Padma* desperto.

É claro, os detalhes específicos do que vamos encontrar serão fortemente influenciados por nossa orientação cultural e sistema de crenças. Um cristão, por exemplo, pode ver todos os santos. Um homem me disse que, como não tem crenças religiosas, poderia simplesmente ver um monte de coelhinhos bonitos. Provavelmente não, mas nunca se sabe.

A menos que tenhamos passado muito tempo estudando as descrições dos budas e vendo as pinturas *thangka* de deidades budistas, é improvável que as vejamos como são descritas nos ensinamentos. Os próprios textos tibetanos apresentam descrições diferentes. Mas em vez de nos fixarmos demais nos detalhes, o ponto principal a lembrar – o ponto comum a todos esses ensinamentos – é que, de um modo ou outro, veremos os seres de sabedoria que corporificam o estado desperto inerente às nossas neuroses. Se nos acostumarmos a não dar as costas nem a nos contrairmos contra nossa energia de *klesha*, teremos uma chance de perceber que essa energia desperta é inseparável da nossa natureza verdadeira – não uma visão externa a qual reagimos com esperança e medo.

De acordo com *O livro tibetano dos mortos*, as visões do bardo do *dharmata* ocorrem por um período de 12 dias. Nesse contexto, no entanto, um "dia" não se refere ao período de 24 horas que forma um dia humano no bardo desta vida. A maioria dos mestres define esses dias como a duração de tempo em que a pessoa consegue repousar a mente sem distrações na consciência aberta; nesse caso, um dia poderia ser tão curto quanto o tempo de estalar os dedos.

As aparências durante o bardo do *dharmata* são projeções da nossa mente, mas isso não as torna menos reais do que qualquer coisa que estejamos vivenciando agora mesmo. Nossa mente está sempre projetando. Trungpa

Rinpoche escreveu que sentia grande compaixão por seres "que têm medo dos fenômenos externos, que são suas próprias projeções". No cotidiano, por exemplo, sabemos que nossas projeções sobre certa pessoa ou grupo podem ser totalmente infundadas. Sabemos que muitas das nossas projeções tendenciosas não são confiáveis e que podemos achar que estamos vendo um tigre apavorante quando se trata apenas de uma rocha.

Quando estamos no bardo do *dharmata*, nossa mente semelhante ao céu fica temporariamente desobstruída das nuvens dos hábitos, preconceitos e enredos. Nossas projeções já não têm a densidade e solidez dos objetos que encontramos na vida cotidiana. São mais como arcos-íris. Os cinco budas e todas as outras aparições brilhantes não são produto da nossa mente confusa e dualística. Elas vêm da nossa natureza verdadeira, que é inefável, despida de preconceitos e não dual.

Cada deidade projetada no bardo do *dharmata* representa uma oportunidade para o despertar completo. A família búdica com que mais nos identificamos nos dará a melhor oportunidade, mas todas essas deidades representam portais potenciais. A fusão com qualquer uma delas será como nos reunir com nossa sabedoria na forma de algo aparentemente externo, mas inseparável da nossa natureza mais profunda. Se nos treinarmos tanto quanto possível em ficar abertos para as aparências imprevisíveis e insubstanciais desta vida, talvez tenhamos o instinto de ficar abertos no bardo do *dharmata* e nos tornar completamente despertos.

18

Abrir-se ao mundo sagrado

O livro tibetano dos mortos pertence a uma categoria de ensinamentos budistas conhecidos como *Vajrayana*, o "veículo do diamante". O que torna o *Vajrayana* diferente de outras abordagens do *Dharma* é que tomamos a fruição como o caminho.

Em geral, um caminho vai de um ponto ao outro. Você entra no caminho e segue por ele até chegar ao seu destino final. O caminho *Vajrayana* para o despertar não é assim. A ideia aqui é: onde quer que você esteja já é o destino final. Em outras palavras, você já está iluminado. O trabalho já foi feito; de fato, nunca deixou de ser feito. Resta apenas você reconhecer e apreciar completamente esse fato. Talvez você considere que isso é uma "missão impossível", mas não é.

Todos os métodos *Vajrayana* se baseiam nessa visão. O caminho *Vajrayana* oferece incontáveis práticas, muitas das quais envolvem visualização. Você visualiza a si mesmo, por exemplo, como um buda no centro de uma mandala iluminada. Todo ser que você encontra e tudo o que vê é uma deidade, a manifestação da forma iluminada. Todo som que você ouve é um mantra sagrado, a manifestação da fala iluminada. E tudo que você pensa – cada movimento da sua mente – é uma exibição da mente iluminada.

Essa prática nos treina a ver como sagradas todas as coisas que experimentamos. Por meio dela, descobrimos que vivemos – desde sempre – em um mundo sagrado. A palavra "sagrado", porém, não significa que é "religioso", mas sim que já está desperto. Tudo que aparece já está desperto. A palavra também carrega a atmosfera de ser precioso ou abençoado – não abençoado por alguém, mas abençoado por sua própria natureza.

As práticas *Vajrayana* são profundas, sutis e fáceis de serem mal interpretadas. É essencial estudá-las sob a orientação de um professor qualificado e experiente, que não tenha nenhum interesse pessoal além de ajudá-lo a despertar para a sua natureza iluminada. No entanto, alguma familiaridade com as ideias básicas pode ajudá-lo a desenvolver uma visão mais positiva, mais otimista da morte e dos bardos, então acho que vale a pena apresentá-las nesse contexto.

Ao dizermos que nosso mundo é sagrado e que todos que encontramos são uma deidade, o que isso realmente significa na prática? Começaremos a ver todos emanando uma luz como as pessoas das pinturas religiosas? O barulho do tráfego lá fora vai virar um hino celestial?

Num nível simples, cotidiano, o mundo sagrado começa com uma atitude de abertura e curiosidade em vez de julgamento e temor. Ao acordar de manhã, você pensa "O que será que vai acontecer hoje?" em vez de "Já estou vendo que hoje vai ser uma droga". Sua atitude é "Estou pronto para o que der e vier" em vez de "Oh, não".

Podemos cultivar essa atitude treinando perceber a bondade básica de tudo que vemos, ouvimos e pensamos. "Bondade básica" não se refere ao bem e ao mal no senso comum, dualístico. Significa que tudo é uma exibição da sabedoria. Podemos permitir que tudo seja assim como é – sem ser a favor ou contra, sem rotular como certo ou errado, agradável ou desagradável, feio ou bonito. Essa é a atitude da bondade básica. Em vez de seguir os gostos e desgostos do nosso ego, podemos aprender a apreciar os fenômenos assim como são. Em vez de ver todas as coisas através do filtro dos hábitos e propensões, podemos apreciar o mundo assim como ele é. Ao descrever isso, o pioneiro tradutor budista Herbert Guenther disse que começamos a experimentar o mundo "imbuído de uma atmosfera milagrosa".

Ao adentrarmos o bardo do *dharmata*, ficamos temporariamente desnudos de nossos obscurecimentos e temos um rápido encontro com a verdadeira natureza dos fenômenos. Isso se mostra em forma de luzes intensamente brilhantes e aparições vívidas, que mais adiante viram as cinco famílias búdicas ou formas similares para as pessoas de diferentes fés e costumes. Encontramos a bondade básica completamente nua e experimentamos o mundo sagrado em toda sua glória. Porém, a menos que estejamos acostumados ao brilho e ao poder desse mundo sem filtros, é quase certo que lhe daremos as costas e iremos à procura de algo mais familiar e menos ameaçador. Perderemos esta chance do despertar completo e entraremos no bardo seguinte, o bardo do vir-a-ser. Lá encontraremos aparências mais familiares.

Mas antes de descrever o bardo do vir-a-ser, eu gostaria de falar mais sobre aquele momento crucial no bardo do *dharmata* em que temos a escolha de ficar ou fugir: ficar com as projeções reluzentes da nossa mente iluminada inata, ou ir em direção ao que parece mais confortável e familiar. A escolha feita lá terá tudo a ver com nosso modo de fazer escolhas agora.

Como seres humanos, nossa tendência geral é buscar situações confortáveis e, ao encontrá-las, fazer todo o possível para lá permanecer. Habitualmente queremos nos posicionar de modo a relaxar, aproveitar e não ter preocupações. Buscamos conforto de inúmeras maneiras: por meio de família, relacionamentos, entretenimento, dinheiro, comida, álcool, roupas, móveis, sol, elogio, fama, poder, férias em Maui, religião, e por aí afora.

Não há nada de inerentemente errado em querer ficar em nossa zona de conforto. É saudável sentir-se seguro, relaxado e satisfeito com nosso mundo. Eu gosto muito do sol e da boa comida de Maui. Sinto que sou abençoada de verdade por poder ter essa experiência de vez em quando. Se as coisas fossem sempre difíceis e desafiadoras, é provável que ficaríamos estressados e ansiosos demais para vivenciar qualquer bondade amorosa conosco mesmo ou para ser afetuosos e gentis com os outros. Teríamos dificuldade em ver qualquer coisa positiva na vida, muito menos a experiência do mundo sagrado. Muitas pessoas com alguma inclinação a seguir um caminho espiritual simplesmente não dispõem do mínimo conforto, facilidade e tempo necessário para empenhar-se nesse sentido. O fato de nossas vidas terem algum nível de conforto – suficiente, por exemplo, para conseguirmos ler um livro com os ensinamentos do bardo – é algo que devemos apreciar todos os dias.

O principal problema de procurar conforto é nossa tendência a ir longe demais. Se for possível alcançar algum dos confortos que desejamos, tendemos a transformar essa busca em ocupação de tempo integral. A orientação para o conforto torna-se nosso estilo de vida; podemos nos tornar praticamente obcecados por evitar desconfortos. Começamos a achar que dando um jeito de fazer tudo certo conseguiremos ficar em nossa zona de conforto para sempre. Isso se torna nossa ideia de uma "boa vida".

Aí, quando o conforto nos escapa – ou quando nosso objeto de conforto acaba trazendo desconforto – costumamos achar que fizemos algo errado. Erramos por descuido, não tínhamos todas as informações ou simplesmente botamos tudo a perder. Mas na próxima vez, pensamos, faremos direito. Na próxima vez daremos as tacadas certas, como nossos amigos que sempre parecem tão felizes e realizados em suas postagens no Instagram. O estranho, porém, é que nossos amigos do Instagram estão fazendo a mesma coisa que nós. Estão olhando para outras pessoas e pensando: "Ah, se ao menos eu conseguisse fazer tudo direito como *elas*". Podem pensar assim até ao olhar para as nossas fotos no Instagram! Acontece que todos nós provavelmente estamos fazendo as mesmas suposições inocentes e ingênuas sobre os outros.

Então vamos dar uma verificada na realidade e nos fazer uma simples pergunta: Será que alguém em toda a história humana foi capaz de alcançar conforto permanente? Ou, do outro lado da moeda, será que alguém já conseguiu evitar o desconforto? Evitar perdas, doença, decepção e desamparo? Alguém já conseguiu evitar a morte? Como dizia Thinley Norbu Rinpoche: "Não há nada perfeito neste *samsara*".

Sabemos as respostas para todas as perguntas. Desafios e acontecimentos indesejados são inevitáveis. Desamparo e morte são inevitáveis. Nenhum período de conforto é duradouro. É importante curtir a nossa vida, não ficar constantemente oprimido por suas dificuldades. É importante relaxar e recarregar, mas quando os desafios surgem, se sempre fugirmos, vamos descobrir que não há onde se esconder.

Fora da zona de conforto está o que os educadores chamam de "zona de desafio" ou "zona de aprendizado". É ali que você expande seus limites. Você quer que as coisas sigam para um lado, mas elas vão para outro. Quer ser saudável, mas adoece. Quer dar uma boa impressão, mas faz papel de bobo. Quer paz e silêncio, mas só encontra barulho e caos. Não há limite para as formas como nossa busca por conforto pode ser frustrada. Contudo, são nessas situações desafiadoras que acontece todo o crescimento da nossa vida.

Quando estamos em nossa zona de desafio, descobrimos do que realmente somos feitos. É onde nossa propensão a se incomodar fica aparente. É onde brotam todos os nossos kleshas e hábitos destrutivos. É onde nosso ego irrompe e tendemos a rechaçar ou pirar. E é ali que temos uma oportunidade de ouro para começar a nos libertar de nossos padrões habituais.

Na maior parte do tempo, somos governados por nossas propensões. Nossa luta perpétua contra a vida assim como ela é sugere uma nuvem densa que está sempre obscurecendo nossa mente clara e imparcial. Mas uma vez tendo alguma sensação daquela mente aberta e relaxada – por meio de práticas formais de meditação ou experimentando as brechas e outros momentos de espaciosidade no cotidiano – conseguimos desenvolver um apetite por qualquer coisa que nos ajude a perfurar as nuvens. Nesse ponto, começamos a ter alguma apreciação do desconforto e da decepção. Não é que vamos atrair ou gostar desses acontecimentos e sentimentos indesejados, mas quando surgem espontaneamente começamos a aprender como aproveitá-los melhor.

Algumas pessoas, porém, têm a tendência a se meter em situações difíceis. Isso muitas vezes dá errado. Se não prestarmos bastante atenção ao nosso corpo ou mente, podemos nos forçar para além da zona de desafio e chegar à zona de "alto risco" ou "perigo". É quando o desconforto ou estresse fica superior ao que conseguimos manejar e não aprendemos nada. Em vez disso, podemos acabar traumatizados e nos retirarmos ainda mais em direção ao conforto. É claro, às vezes a zona de alto risco pode nos ser imposta e a única escolha é tirar o melhor proveito dela. Mas se estivermos abraçando o desafio como ferramenta para o crescimento, precisamos ter cuidado para não levar as coisas longe demais.

É famosa a defesa que o Buda fazia da abordagem do "caminho do meio" na prática espiritual, sempre advertindo contra os extremos. Um extremo é ficar obcecado pelo conforto; o extremo oposto é cortejar o perigo. O caminho do meio, neste contexto, é usar aquilo que vier naturalmente como meio de abrir seu coração e sua mente. Se a sua prática for reconhecer a bondade básica em tudo que surgir, você continuará se desenvolvendo, venha o que vier. Aos poucos, vai se descobrir num lugar diferente. Terá novos modos de compreensão. Com o passar do tempo, algo se aprofunda em você. Caso encontre amigos que não vê há alguns anos, eles poderão dizer: "Não sei como, mas você mudou". Talvez notem que você está mais aberto e flexível, menos rígido, sem se levar tão a sério como antes. Ao tomar os desafios como oportunidades de crescimento, essas mudanças se desenrolam naturalmente. Pode ser gradual – tão gradual que nem percebemos que está acontecendo, mas podemos confiar que o desenrolar continua a todo o momento, todos os dias.

A vida tende a ser mais desafiadora quando estamos meio adormecidos há muito tempo, cochilando com nossas suposições de como as coisas são e como deveriam ser. Então algum acontecimento ou *insight* invade nosso estado mental embotado e diz: "Acorda!" Lembretes repentinos de impermanência podem ter esse efeito. A perda de um ente querido ou o vislumbre de nosso rosto surpreendentemente envelhecido no espelho pode nos sacudir da complacência. A verdade é algo que nem sempre queremos ouvir. Mas para experimentar todo o nosso potencial como seres humanos, seria sábio da nossa parte apreciar a verdade em qualquer forma que aparecer.

Conforme desenvolvemos o apetite de acolher os desafios que surgem na vida cotidiana, nossa experiência fica mais relaxada e aprazível. Ficamos mais confortáveis com a surpresa e a incerteza e mais capazes de adentrar situações que antes estavam na zona de alto risco. E ao morrermos estaremos prontos para as experiências ofuscantes e desorientadoras descritas nos ensinamentos do bardo.

As luzes brilhantes do bardo do *dharmata* são as luzes da realidade crua e implacável. Como já citei, é de extrema ajuda nos habituarmos à energia de nossa família búdica dominante para que, ao aparecer desvelada nesse bardo, possamos nos fundir com ela e reconhecer nossa natureza iluminada. No entanto, não precisamos pensar: "Sou *Padma*, então devo procurar pela luz vermelha". Ou: "Sou *Karma*, então ficarei de olho no Buda Amoghasiddhi". O bardo do *dharmata* não é um teste acadêmico para o qual estudamos com o objetivo de tirar uma boa nota. É mais uma questão de cultivar o hábito de ficar aberto a todo o escopo da vida, de buscar a expansão em vez da rota de fuga: a comida reconfortante, a cama aconchegante, os modos infinitos de nos distrairmos e nos desconectarmos.

Como vivemos é como morremos. Se estivermos dispostos a passar algum tempo na zona de desafio, então o modo como enfrentaremos o bardo será igualmente corajoso e nos libertaremos de todos os medos. Mas se habitualmente nos esquivamos dos desafios, seremos atraídos pelo caminho de menor resistência. Nesse caso, passaremos para o bardo do vir-a-ser, como a vasta maioria dos seres sencientes faz ao morrer. Ainda assim, há ótimas notícias no bardo do vir-a-ser. Mais oportunidades de despertar ainda estão por vir.

19

Da abertura à concretude: um padrão eterno

Segundo o Buda, nada jamais se perde. Isto se dá por que cada ser vivo – dos humanos até os minúsculos insetos e espíritos invisíveis – tem o potencial de despertar completamente. Quão espantoso que todos os seres tenham esse potencial!

As oportunidades de despertar durante o bardo do morrer e o bardo do *dharmata* passam tão rapidamente que aqueles que não se prepararam para a morte com antecedência provavelmente nem as reconhecerão. Se um inseto bater no para-brisa do seu carro na estrada, ele não terá consciência da luminosidade nem das deidades (a menos que seja um inseto muito especial) e imediatamente se encontrará no próximo bardo, o bardo do vir--a-ser. Ali, suas propensões o atrairão para seu próximo nascimento em um dos reinos do *samsara*.

Consta que nossa experiência no bardo do vir-a-ser é exatamente como a de um sonho. Quando sonhamos não vamos a lugar nenhum nem fazermos nada com o corpo, que fica adormecido na cama. Mesmo assim, conseguimos passar por experiências vívidas, ativas, que dão a sensação de realidade porque nossa mente projeta um corpo mental. Esse corpo mental consegue fazer todas as coisas que nosso corpo físico faz. Mas como está menos aterrado que durante a vigília, também pode fazer outras coisas extraordinárias.

Os sonhos possibilitam milagres: voar, passar pelas paredes, estar em espaços e configurações que seriam impossíveis com um corpo físico, sólido. A situação no bardo do vir-a-ser é exatamente essa. Como o corpo mental já não está atado a qualquer coisa física, pode fazer coisas impressionantes. Consta, porém, que a experiência nesse bardo é mais perturbadora que excitante. É como ser jogado de um lado para outro por uma ventania extremamente poderosa. Depois de algum tempo num estado tão vulnerável e agitado, a maioria dos seres se sente impelida a encontrar um novo corpo.

As experiências de morrer, passar pelo estado intermediário e assumir um novo nascimento combinam bastante com o processo diário de adormecer, sonhar e acordar no dia seguinte. Quando adormecemos – como na hora da morte – nossos cinco sentidos começam a se apagar, um por um: um processo noturno de dissolução. No final desse período, experimentamos uma breve brecha, que muito se parece com o raiar da luminosidade-mãe na hora da morte. É um momento de espaço totalmente aberto, de potencial infinito. A brecha é muito rápida para que a maioria de nós perceba, mas praticantes avançados de meditação que conseguem manter a consciência enquanto adormecem são capazes de observar e repousar nessa luminosidade.

Desse espaço aberto, surgem as primeiras insinuações de forma. Como no bardo do *dharmata*, são projeções da nossa mente desprovidas de ego. Essas aparências são tão sutis e fugazes que é muito fácil perdê-las. Daqui entramos no mundo dos sonhos, onde o que encontramos parece ter mais substância. Nosso corpo mental continua a ter experiências sensoriais, que nem sempre fazem sentido segundo nossa lógica cotidiana, mas acreditamos ser real o que está acontecendo e reagimos àquilo com base em nossas propensões. Tudo isso se assemelha ao que acontece no bardo do vir-a-ser.

Quando acordamos de manhã, nossos cinco sentidos normais retornam e nos achamos novamente num corpo físico. Isso é como assumir nosso próximo nascimento. Nossas experiências passadas – da noite que acabou, do dia anterior e de todos os dias e noites anteriores – acabaram para sempre. De várias formas, temos um novo começo, uma nova vida.

Esse padrão de ir da abertura à concretude se repete de diversas maneiras ao longo do bardo natural desta vida. Na verdade, ele se sucede continuamente todos os dias. Cada momento chega ao fim. Esse fim é um tipo de morte. Algo foi e já não é. Antes que surja o próximo evento, há um intervalo, um momento de abertura total e potencial ilimitado. Desse espaço prenhe surge uma energia crua, uma insinuação sutil do que surgirá a seguir. Essa energia se solidifica quase instantaneamente e nasce o próximo momento de nossa experiência.

Num nível muito sutil nenhuma das nossas experiências mentais, emocionais ou físicas dura mais que um instante. Pode parecer que estamos cheirando o mesmo perfume de verbena ou sentindo a mesma raiva em momentos consecutivos, mas se nos aquietarmos o bastante para notar o movimento contínuo e sutil da vida, fica aparente como tudo está num estado constante de fluxo e que há muitas brechas.

Podemos verificar isso ao nos sentarmos em meditação. Talvez tenhamos a sensação de estar experimentando um acesso de raiva sólido, contínuo, por exemplo. Mas se olharmos de perto, veremos como a raiva não é tão monolítica quanto aparenta. Como qualquer *klesha*, a raiva tem seu fluxo e refluxo; manifesta-se em várias partes do corpo e há momentos durante a experiência em que nossa atenção vai para um lugar completamente diferente e a raiva já não é sentida.

Praticantes muito avançados de meditação conseguem ter consciência de todos os estágios desse processo – não apenas o fim de um momento e o começo do próximo, mas também a energia dos intervalos. Na linguagem do budismo tibetano, esse padrão de três estágios muitas vezes é descrito de acordo com os "três *kayas*".

A palavra sânscrita *kaya* literalmente significa "corpo", mas aqui estamos falando sobre diferentes níveis de realidade, da mais sutil a mais grosseira. *Dharmakaya* se refere ao espaço básico de onde surgem todas as formas. *Sambhogakaya* é o aspecto energético, a forma sutil por trás das manifestações solidificadas que compõem nossa experiência cotidiana. *Nirmanakaya* se refere aos fenômenos concretos que podemos perceber com nossas faculdades comuns.

Sob um ponto de vista, os três *kayas* são estágios que se repetem a todo momento, mas também podemos dizer que estão simultaneamente presentes o tempo todo. No espaço aberto prenhe de possibilidades, sempre há um potencial energético. E esses dois aspectos da realidade – espaço e energia – sempre se manifestam em formas concretas.

Numa escala mais ampla, podemos conectar os três *kayas* às três principais oportunidades de despertar nos bardos. No momento da morte, a chance de se fundir com a luminosidade-mãe, aberta e vazia, é uma chance de se fundir com o aspecto *dharmakaya* de nossa própria natureza. No bardo do *dharmata*, existe a possibilidade de se fundir com as luzes brilhantes e com as deidades pacíficas e iradas. Essas aparições energéticas são manifestações do aspecto *sambhogakaya* de nossa natureza.

Finalmente, no bardo do vir-a-ser, encontramos as aparências oníricas do aspecto *nirmanakaya* de nossa natureza. Nesse estágio, já não há chance de iluminação imediata, mas podemos ir ao que se chama de reino puro. Ou, se nos preparamos bem durante esta vida, poderemos ter algum controle sobre onde e em qual forma nasceremos de novo.

20

A entrada no bardo do vir-a-ser

O livro tibetano dos mortos diz que se perdermos a breve chance de despertar durante o bardo do *dharmata*, seguiremos inconscientes e acordaremos no bardo do vir-a-ser, que supostamente dura 49 dias, no máximo. A palavra "vir-a-ser" remete à ideia de que nesse ponto da jornada podemos nos tornar qualquer coisa. Podemos renascer como qualquer tipo de ser vivo e em qualquer lugar onde seres existam. Esse estado intermediário também é conhecido como o "bardo *kármico* do vir-a-ser" porque somos fortemente puxados pelo nosso *karma*. Ou seja, nosso rumo é determinado por tudo que fizemos, dissemos e pensamos – e pelas marcas que esses atos deixaram em nossa mente.

Novamente, essa é a visão de mundo tibetana, com a qual você pode concordar ou não. Mas mesmo em termos desta vida, podemos ver como criamos continuamente nossa realidade futura por meio de nossas ações de corpo, fala e mente. Cada vez que nos deixamos levar por nossos *kleshas*, dando patadas em alguém, por exemplo, ou nos botando para baixo, fortalecemos nossos hábitos autodestrutivos e intensificamos nossa luta contra a vida como ela é.

Esse conflito tende a se refletir no ambiente externo. Se deixarmos nossas tendências prejudiciais ficarem com o melhor de nós, nosso mundo tende a ficar cada vez mais desfavorável e às vezes até hostil. Por outro lado, se trabalharmos dia após dia – conforme nossa capacidade atual – para nos conectarmos com nosso coração e abrirmos nossa mente, a situação externa ficará mais amistosa e hospitaleira. Assim sendo, quer estejamos no meio desta vida ou num intervalo entre vidas, sempre somos puxados pelo *karma*. Estamos sempre "vindo a ser". Como diria Trungpa Rinpoche: "O futuro está aberto".

Segundo os ensinamentos tradicionais, ao entrarmos no bardo do vir-a-ser, nosso corpo mental passa por experiências que parecem tão reais quanto às dos sonhos. No bardo do *dharmata* experimentamos, embora brevemente, a verdadeira natureza da realidade sem o filtro do ego. Mas no bardo do vir-a-ser, todos nossos padrões habituais retornam. Mesmo que nosso mundo inteiro tenha mudado, nós retornamos ao familiar senso de eu, a sensação de "Eu sou *eu*, esse ser individual que é distinto de tudo o mais". De certo modo, isso torna as coisas mais familiares. Estamos num mundo que faz sentido e possivelmente não temos ideia de que morremos.

Assim como nos sonhos, você pode ir além dos limites do corpo físico. Mesmo que tenha morrido numa idade avançada e estava com péssima audição e visão, agora todos os sentidos funcionam bem. Mesmo que estivesse enrijecido e fraco no fim da vida, seu corpo mental está leve e ágil agora.

Consta que neste bardo sua consciência fica sete vezes mais clara do que era antes de morrer. É possível ler a mente das pessoas vivas e ouvir o que estão pensando de você, o que pode provocar muita angústia. Talvez seus familiares, por exemplo, fiquem obcecados com o seu dinheiro e discutam entre si, dizendo coisas pouco lisonjeiras sobre a sua mesquinhez. Podem brigar a respeito de quem fica com o que e serem desdenhosos em relação a bens que lhe eram caros. Talvez peguem algo que você adorava e joguem no lixo.

Por isso, somos incentivados a dar nossos pertences antes de morrer e a declarar nossos desejos claramente num testamento. Ao morrermos, quanto menos houver a nos incomodar, melhor. Quanto mais soltarmos nossas preferências e nossos apegos às coisas agora, melhor.

Uma grande amiga minha deixou por escrito uma lista exata de quem deveria ficar com cada coisa após sua morte. Porém, sem querer, ela disse a duas pessoas diferentes que elas poderiam ficar com um colar de pérolas. Os sentimentos ruins que isso provocou foram difíceis de testemunhar. Imaginei minha amiga vendo aquilo lá do bardo do vir-a-ser, agoniada com o desarranjo de seus planos cuidadosamente traçados.

Outra amiga era muito apegada aos seus pertences e tentou dar tudo antes de morrer, mas descobriu que não conseguia abrir mão. Após sua morte, o volume de suas coisas era tal que seus amigos simplesmente não conseguiram dar conta. Então armaram uma enorme fogueira e ali jogaram caixas e mais caixas de coisas. Havia muitos anos de fotografias cuidadosamente rotuladas que agora não significavam nada para ninguém e lá se foram para o fogo. A moral da história é: "Solte todos os apegos a esta vida" enquanto ainda é possível. Assim, haverá muito menos coisas a entristecê-lo no bardo.

Já expressei por escrito meu desejo de silêncio quando estiver morrendo. Mas recentemente me ocorreu que, se eu ficar muito apegada a esse desejo, será uma receita para a decepção. A última coisa que eu quero na morte é me aborrecer por causa do barulho!

Dizem que no bardo do vir-a-ser a primeira coisa que fazemos é retornar ao lugar onde morávamos. Você vê seus familiares chorando e não entende por quê. É confuso. Tenta se comunicar com eles, que não respondem. Aí cai a ficha de que eles nem sequer percebem sua presença ali. *O livro tibetano dos mortos* diz que sua dor é tão intensa quanto "a dor de um peixe rolando na areia quente". É por isso que os ensinamentos sugerem que quando alguém conhecido acabou de falecer, devemos lembrá-lo continuamente de que ele morreu. Fazer isso aliviará sua confusão e o ajudará a aceitar o que está acontecendo. Poderíamos lembrar-lhe quando estamos ao lado do corpo ou até mais tarde e à distância. A menos que alguém lhe diga que está morto, ele pode seguir por muito tempo sem dar-se conta.

É dito que a vida no bardo do vir-a-ser é extremamente instável. Se você pensa num lugar, pode aparecer lá instantaneamente. Pensa no Brooklyn, por exemplo, e de imediato se encontrará andando por uma rua do Brooklyn. No momento seguinte pode pensar no Quênia e estar numa casa lá. Às vezes essas experiências são agradáveis, outras não, mas a sensação geral é desorientadora e exaustiva. Não há chance de descanso. À medida que o tempo passa, cresce o anseio por um corpo físico.

Os professores dizem que a luz nesse bardo é muito fraca, uma ideia desconfortável para mim. Há outros seres do bardo à vista, que morreram mais ou menos na mesma data, mas sua comunicação com eles é breve, pois todos estão sempre em movimento. Caso tenha o hábito de fugir de tudo que o incomoda, nesse bardo estará constantemente escapando. Isso não está nas instruções clássicas, mas eu às vezes converso com amigos que morreram. Faço isso durante o quadragésimo nono dia após sua morte, na esperança de ajudá-los a fazer uma transição suave. O principal conselho que lhes dou é: "Não corra. Desacelere. Não faça movimentos bruscos. Encare aquilo que te assusta." É um bom conselho para a vida também.

Alguns de vocês se lembrarão da história que contei em *Quando tudo se desfaz* sobre minha amiga de infância, Suzy, e seu pesadelo recorrente. Quando tínhamos uns dez anos, ela sonhava todas as noites que estava sendo perseguida por monstros. Um dia, perguntei como eram esses monstros e ela não sabia, por que estava muito apavorada e sempre correndo. Pelo jeito minha pergunta a deixou curiosa e na noite seguinte ela reuniu toda a coragem e virou para trás. Tremendo dos pés à cabeça, fez o impensável. Olhou para eles. No início, eles dispararam em sua direção e em seguida derreteram. E esse foi o fim dos pesadelos. Eis uma história a ser lembrada no bardo do vir-a-ser.

A atmosfera costuma ser ameaçadora no bardo do vir-a-ser, pois os vários elementos tendem a aparecer como inimigos. Por exemplo, quando o elemento ar é sentido como um inimigo, há furacões e tornados. Quando o elemento terra parece hostil, você experimenta terremotos e deslizamentos. O elemento água pode trazer tsunamis e enchentes. Isso nos trás de volta a um tema repetitivo: como nos relacionamos com os eventos assustadores agora será como nos relacionaremos com eles no bardo do vir-a-ser. A parte importante a contemplar é: ficamos exaltados e perdemos a vontade de nos importar com os outros, ou ficamos mais inclinados a permanecer presentes, conectados aos nossos sentimentos e interessados no que os outros estão vivenciando?

Alguns livros que tratam dos bardos falam de uma revisão da vida e de um julgamento, como é descrito em muitas religiões. Você vê tudo que fez na vida – cada ação, certa ou errada, importante ou não, lisonjeira ou não. O juiz não é outro que não sua própria consciência. Nesse estado é possível ver claramente suas ações e as motivações por trás delas, o que pode ser muito doloroso. Nós, monásticos, analisamos nossa vida a cada entrada da lua nova e da lua cheia, por meio do que chamamos de cerimônia *sojong*. A ideia dessa cerimônia é reconhecer, do modo mais completo e compassivo possível, todas as ações das quais nos arrependemos nas últimas semanas e em toda nossa vida. Então, após a morte, não haverá do que se envergonhar, nada que não tenha sido encarado e deixado para trás, nada que nos detenha.

Um dos pontos mais enfatizados nos ensinamentos do bardo é o poder dos pensamentos positivos e negativos. Como nossa consciência fica muito mais aguçada que o normal, um pensamento positivo pode interromper o momentum de uma experiência dolorosa ou assustadora e imediatamente levá-lo a uma posição muito mais agradável. Mas o inverso também é verdadeiro: um pensamento negativo pode de repente levá-lo às profundezas do sofrimento. Logicamente, isso é tão importante agora quanto no bardo do vir-a-ser.

Por essa razão, em minhas conversas com amigos que estão no bardo, sempre os encorajo a pensar positivamente. Em vez de reclamarem e ficarem ressentidos – sobre como estão queimando todas suas fotos amadas, digamos – encorajo-os a pensar nas pessoas e lugares que amam, nas coisas que os inspiram e a abrir o coração para os demais.

Quer acreditemos ou não que tal estado intermediário realmente existe, ainda podemos aplicar esses ensinamentos e nos beneficiar deles enquanto estivermos vivos. Embora nossos pensamentos agora não sejam tão poderosos quanto supostamente são no bardo do vir-a-ser, seu tremendo poder de nos conduzir nunca deve ser subestimado.

Nossa capacidade de interromper o momentum dos padrões de pensamento negativo pode aumentar muitíssimo pela prática da meditação. Aprendi o quanto isso é verdadeiro por experiência própria e também falando com muitos alunos sobre meditação ao longo dos anos. Quanto mais praticamos, mais nos acostumamos a estar presente com os pensamentos, as emoções e as circunstâncias que antes nos arrastavam. Em vez de continuar reagindo baseados unicamente no hábito, podemos gradativamente desenvolver certa distância dos acontecimentos persuasivos ocorrendo em nossa mente e percepções. Melhoramos a capacidade de captar nossas emoções num estágio inicial, antes que os enredos tenham início e transformem as pequenas fagulhas e brasas em incêndios destrutivos.

A melhor coisa que podemos fazer agora em preparação para a ausência de chão do bardo do vir-a-ser é trabalhar com a ausência de chão desta vida. Isso valerá a pena durante nossa existência aqui, não importa o que acreditemos que aconteça após a morte. Se aceitarmos a qualidade imprevisível e transitória de nossas experiências mentais, estaremos menos sujeitos a ser soprados de um lado para o outro feito uma pena quando nos encontrarmos numa situação caótica. Se nos familiarizarmos profundamente com as qualidades e potenciais da nossa mente – com o quanto ela é surpreendente, maleável, trabalhável – teremos mais liberdade de escolha, aconteça o que acontecer. Mesmo que nossa mente fique tremendamente acelerada e desequilibrada, como se diz que acontece no bardo do vir-a-ser, teremos alguma capacidade de dirigi-la favoravelmente.

Em qualquer situação intensa ou difícil que tenhamos na vida, estar o mais aberto e presente possível sempre ajuda. Em vez de entrar em pânico e fugir, isso será mais benéfico para nós mesmos e para os que estão ao nosso redor. O mesmo é verdadeiro para o bardo do vir-a-ser, quando nossa capacidade de estar presente é a única estabilidade que teremos. Novamente, tudo depende de termos cultivado essa capacidade antes de morrer.

Lembro de ouvir uma história sobre dois monges budistas que viviam num templo da Califórnia muito tempo atrás. Eles saíram dali para percorrer toda a costa oeste, desde o estado de Washington até a ponta da Califórnia, prostrando-se ao longo do caminho. Davam três ou quatro passos, ajoelhavam-se e tocavam testa e mãos no solo. Levantavam-se, davam mais alguns passos, prostravam-se de novo e assim por diante – por centenas e mais centenas de quilômetros.

A intenção dos monges era relacionar-se com qualquer ocorrência durante a viagem como projeção de suas mentes e sempre tentar ver sua interconexão com tudo que encontravam. Eles aspiravam manter essa atitude aberta e corajosa. Qualquer coisa que acontecesse não estava separada deles. Não havia divisão entre os monges e o ambiente. A partir de estudos e práticas, eles entendiam – pelo menos conceitualmente – que tudo que surgisse não estava separado de suas mentes.

Os monges partiram numa jornada para o cultivo do destemor – assim como do amor e da compaixão, além de um profundo senso de interconexão com tudo. Ela também foi um esplêndido treinamento para a jornada pelo bardo.

Ao se prostrarem, os monges reverenciavam não apenas o Buda, mas toda a experiência deles – tudo e todos que viam, inclusive a si mesmos. É provável que tenham visto mais asfalto e pedregulho que qualquer outra coisa, mas não importa: consideravam tudo digno de prostração.

Por fim, a jornada os levou a um bairro de Los Angeles. Um grupo de jovens viu esses homens carecas de mantos comportando-se de maneira muito estranha e os cercaram. Começaram a caçoar e rir deles, tentando intimidá-los. Um deles pegou um pedaço de metal pontudo e começou a movimentá-lo bem na frente deles de modo ameaçador, como se fosse uma arma.

Um dos monges ficou com tanto medo que seus joelhos começaram a bater um no outro e ele mal conseguia se manter de pé. Não sabia o que fazer. Aí ele se lembrou do propósito da viagem e a visão da interconexão. Então prostrou-se diante do rapaz que segurava a arma, vendo-o como não separado de si mesmo.

Nesse ponto, a coisa toda simplesmente parou. O rapaz com a arma ficou tão desconcertado com aquela reverência que ele e seus amigos foram para o lado e deixaram os monges passar. Os monges provavelmente fizeram prostrações muito mais rápidas para irem embora dali, mas essa é uma história incrível sobre como o mundo responde de maneira diferente quando o abraçamos em vez de rejeitá-lo. Se conseguirmos desenvolver essa atitude e levá-la conosco para os bardos e outras situações difíceis, estaremos nos fazendo um grande favor.

Uma vez chegando ao bardo do vir-a-ser, os textos param de falar sobre as oportunidades imediatas para o despertar completo, mas segundo a tradição ainda pode acontecer uma coisa maravilhosa nesse ponto. Podemos renascer em um reino puro. Isso talvez soe como a ideia cristã de céu ou até mesmo algo sonhado por Walt Disney, mas de acordo com Trungpa Rinpoche, um reino puro é um lugar onde você e todos os outros seres quase não têm *kleshas* e suas mentes se voltam naturalmente para o despertar. Existem muitos reinos puros, mais do que eu inclusive conheça, que servem a seres com vários temperamentos e conexões *kármicas*. Cada um desses reinos tem sua atmosfera particular, mas todas propiciam o desenvolvimento da sabedoria e da compaixão.

Uma discussão comum entre o povo tibetano é em qual reino puro gostariam de renascer. Ouvi dizer que Dilgo Khyentse Rinpoche e sua esposa Khandro Lhamo tinham divertidas discussões sobre esse tema. Sua esposa dizia que queria renascer em Sukhavati, o reino puro do Buda Amitabha. Rinpoche queria ir para a Montanha Cor-de-Cobre de Guru Rinpoche e tentava convencê-la a aspirar um renascimento lá também. Seu discípulo mais próximo era seu jovem neto, Rabjam Rinpoche, que às vezes assistia a esses debates e ficava do lado de sua avó. Ele também queria renascer em Sukhavati.

Mas certa noite, Rabjam Rinpoche sonhou que estava num avião com seu avô. Khyentse Rinpoche disse "Olhe!" e abaixo deles estava esse lugar lindo, angélico. "Aqui é Sukhavati. É onde você desembarca." O garoto perguntou: "Mas e o senhor, para aonde vai?" Khyentse Rinpoche apontou para um lugar à distância onde havia trovões, relâmpagos, terremotos, um verdadeiro pandemônio, e respondeu: "Eu vou para lá, para a Montanha Cor-de-Cobre". Então o neto disse: "Quero ir para aonde o senhor for. Vou junto."

Na tradição Mahayana do budismo, fazemos um voto, conhecido como o "voto do *bodhisattva*". É uma promessa de total dedicação ao caminho espiritual para podermos despertar completamente e ser de máximo benefício aos outros. Uma vez tendo atingido a iluminação, em vez de ir embora e aproveitar nossa mente desperta privadamente, a ideia é continuar voltando ao mundo, diversas vezes, para ajudar os outros a se libertarem do sofrimento. Prometemos fazer isso até que o *samsara* seja totalmente esvaziado. Assumimos essa tarefa aparentemente impossível de bom grado, até com alegria. E por que, você pode perguntar, alguém faria isso? A resposta me ocorreu aos poucos, ao longo dos muitos anos em que supostamente mantive esse voto: quando a compaixão e o amor são incondicionais, a única coisa que faz sentido é salvar todo mundo que está no barco, sem deixar ninguém para trás.

Nesse contexto, renascer num reino puro pode parecer contrário ao voto do *bodhisattva*. Mas o objetivo de ir a um reino puro é, na verdade, acelerar nossa jornada espiritual para ficarmos em melhores condições de beneficiar os outros. Ir para um reino puro talvez seja como ir para um retiro. Nas duas situações as condições atmosféricas são favoráveis ao rápido progresso rumo ao despertar. Porém, quando você vai para um retiro não pretende ficar para sempre. Pretende voltar à sua vida e usar o que aprendeu para o seu próprio bem e para o bem dos outros. Se almeja ir para um reino puro, a intenção é a mesma.

O jeito de renascer num reino puro – ou de fazer qualquer escolha no bardo do vir-a-ser – é direcionar nossos pensamentos para onde queremos ir e solicitar apoio, se necessário. Isso não deve ser entendido como se alguém viesse resgatá-lo. A ideia é mais que você peça pela coragem de ficar presente e manter mente e coração abertos, sem ficar preso aos velhos padrões habituais. Em seu comentário a *O livro tibetano dos mortos*, Trungpa Rinpoche diz que chamar por apoio no bardo "não é um pedido a uma deidade externa", mas sim um método de direcionar a mente, de ativar o nosso inerente desejo por bondade. Esse é um modo positivo de aproveitar o crescente poder da nossa consciência. Mas se durante a vida nunca aspiramos renascer num reino puro, é improvável que façamos isso pela primeira vez no bardo onírico do vir-a-ser. É por isso que budistas de muitas tradições fazem aspirações diárias para renascer em um reino puro, onde terão a melhor chance de melhorar suas habilidades de beneficiar os outros.

Esse é outro exemplo de "como vivemos é como morremos". Não são apenas nossas propensões neuróticas que nos acompanham de uma vida para outra. Todos os hábitos positivos que cultivamos também permanecerão em nosso fluxo mental, contanto que continuemos a fortalecê-los. Assim, estarão lá para nos apoiar até mesmo quando nos encontrarmos numa situação, como o bardo do vir-a-ser, onde quase tudo é desorientador.

Como nunca sabemos quando iremos morrer ou o que acontecerá a seguir, vale a pena cultivar padrões positivos de pensamento intencionalmente, de modo que contribuam quando mais precisarmos. Quando Mahatma Gandhi foi assassinado, suas palavras logo após ser baleado foram: "Ó Ram, Ó Ram", uma invocação hindu de Deus. É improvável que essas palavras lhe ocorressem sem um treinamento anterior de chamar Ram durante acontecimentos inesperados e angustiantes. De modo semelhante, podemos treinar para ter pensamentos positivos automaticamente sempre que coisas chocantes ou decepcionantes acontecem do nada. Pode ser qualquer evento, grande ou pequeno – seja escorregar numa casca de banana, pingar tinta na nossa camisa branca nova ou o médico nos dizer que não temos muito tempo de vida.

Trungpa Rinpoche brincava que se você sempre diz "Ah, merda!" sempre que algo chocante acontece, "Ah, merda!" pode acabar sendo o último pensamento que terá nesta vida. Quando passamos a conhecer nossa mente de modo mais preciso por meio da meditação, percebemos que cada pensamento tem o poder de criar um efeito cascata, que pode influenciar fortemente toda a nossa experiência. A menos que estejamos num estado mental de clareza, a partir do qual seja possível reconhecer a natureza insubstancial dos pensamentos, cada um deles levará a uma outra coisa: outro pensamento, uma emoção, uma ação, mais pensamentos e assim por diante. Portanto, se acreditamos que a consciência continua após a morte, nosso último pensamento nesta vida é extremamente importante. Ele tem o poder de nos lançar em uma determinada direção e seus efeitos continuarão reverberando pelos bardos.

Por isso, Trungpa Rinpoche recomendava que mudássemos gentilmente nossa reação habitual para algo mais aberto, como "Uau!" ou "Ulalá!" Seria muito melhor iniciar nossa experiência no bardo com um sentimento de assombro do que de rejeição ou pânico. Mesmo que "merda" já esteja saindo de sua boca, ainda dá para continuar e dizer "Uau!" Isso o ajudará a treinar sua mente num hábito melhor e a dar uma boa gargalhada ao mesmo tempo.

Nesses momentos, tenho me treinado a dizer OM MANI PADME HUM. Esse mantra, conhecido como "Mani", invoca o *bodhisattva* da compaixão: Avalokiteshvara na tradição tibetana ou Kwan Yin na chinesa. Dizer o Mani é um modo de cercar sua situação e a de qualquer pessoa em quem esteja pensando com compaixão e amor. Alguns tibetanos entalham esse mantra em pedra ou o pronunciam milhões de vezes durante a vida para imprimir a compaixão em seus corações e mentes, de modo a estarem sempre disponíveis. Torna-se como o ar que respiram. Certa vez, quando eu estava em retiro, deparei-me com um urso na mata ao entardecer. Aquilo definitivamente paralisou minha mente. Fiquei olhando para o urso e o urso ficou me olhando até que eu saí correndo, gritando OM MANI PADME HUM com toda a força dos pulmões.

Trabalhar no desenvolvimento da compaixão nesta vida também irá nos servir muito no bardo do vir-a-ser. Perceberemos que incontáveis outros estão no mesmo barco e compreenderemos sua dor. Ficaremos menos autocentrados e assim nos sentiremos menos ameaçados.

Nosso coração compassivo também pode nos ajudar a enxergar através da qualidade onírica do bardo do vir-a-ser. Pode nos ajudar a acordar dentro do sonho. Por exemplo, se o elemento água estiver surgindo como inimigo e um maremoto se aproxima, sua compaixão o fará olhar em volta e ver se dá para salvar alguém. De imediato, você não ficará tão preso àquela ilusão toda porque não estará tão focado em si mesmo – esse "eu" aparentemente real e imutável.

Nos *Contos Jataka*, a tradicional coletânea de histórias sobre as vidas anteriores do Buda, há uma que ilustra o poder de um único pensamento compassivo. O futuro Buda e outro homem estavam sofrendo numa existência infernal e sendo forçados a empurrar uma enorme pedra para cima de uma montanha íngreme. Os guardas os chicoteavam até eles chegarem ao topo e então a pedra rolava morro abaixo, deixando-os arrasados. Eles tinham que começar tudo de novo, repetidamente. Durante toda a experiência, o futuro Buda estava consumido pela raiva com tudo aquilo, mas um dia ele teve um pensamento que interrompeu o momentum de sua raiva. Deu-se conta do quanto seu parceiro também estava sofrendo e disse ao homem que descansasse enquanto ele tentava empurrar a pedra sozinho. Isso, é claro, provocou os guardas, que bateram ainda mais no futuro Buda, mas seu único pensamento compassivo o fizera sair por um instante de sua mentalidade infernal e dali em diante ele sempre nascia em situações que lhe possibilitavam um despertar cada vez maior.

Nossa sensação de existirmos como um eu separado e especial está na raiz de todos os nossos tormentos na vida e na morte. Quanto mais conseguirmos soltar nossa fixação ao "eu" ilusório durante esta vida, mais livres estaremos dessa fixação no bardo do vir-a-ser. Quanto mais conseguirmos perceber a natureza onírica da nossa vida exatamente agora, melhores as chances de percebermos que o bardo do vir-a-ser também é apenas como um sonho. E quando nos dermos conta de que estamos num sonho, poderemos ter algo a dizer sobre onde o sonho está nos levando. Aí podemos usar a clareza da nossa mente de bardo para fazer uma escolha inteligente e ir em direção a um reino puro ou a um renascimento favorável onde possamos beneficiar os outros.

21

Conselho do coração

Nunca subestime o poder do afeto caloroso – neste exato momento e quando morremos. Há dois tipos de afeto, especificamente, que nos suavizam e nos tornam seres mais decentes e amorosos. Um é o afeto da bondade, de se estender aos outros, pensando neles em vez de continuar completamente autocentrados. O outro é o afeto da devoção: o amor pelos nossos professores, aqueles que nos mostraram a verdade. Ambos se originam na afetividade calorosa do coração. Ambos tornam nossa vida profundamente significativa. Ambos derrubam as barreiras entre nós e os outros.

O calor da bondade com os outros é de fácil compreensão e geralmente não é controverso. Talvez estejamos presos às viagens de nosso ego, mas ainda assim queremos proximidade com os outros. Queremos derrubar aquelas barreiras e sentir um fluxo de ternura e carinho. Aspiramos despertar o coração compassivo da *bodhicitta* e fazê-lo florescer.

Felizmente, para todos nós, certos ensinamentos e práticas podem nos ajudar nessa realização. Uma prática como *tonglen*, por exemplo, apoia o florescimento da *bodhicitta*.⁶ Há séculos, pessoas comuns e confusas, como você e eu, são atraídas por esses ensinamentos e práticas, tendo dedicado tempo e esforço para torná-los parte orgânica de suas ações, palavras e pensamentos. Com suas ações, manifestam cuidado e interesse. Com sua fala, manifestam não agressão e um coração aberto. Até mesmo suas mentes gravitam com mais naturalidade ao pensar no benefício dos outros. Elas desvelaram qualidades que sempre estiveram lá, qualidades que são nosso direito inato.

Essa descrição, é claro, apresenta o ideal. Mas à medida que nossa preocupação com o bem-estar dos outros seres aumenta, todos nós seguiremos nesta direção. Uma quantidade surpreendente de pessoas está treinando exatamente assim – caindo com frequência, aprendendo com seus erros e seguindo em frente, passo a passo, centímetro por centímetro, para desvelar o afeto caloroso de *bodhicitta*.

Na mesma medida que nosso coração se abriu na vida, irá se abrir na morte. Desse modo, ao passarmos pelo bardo do morrer e além, vamos automaticamente pensar nos outros. Em vez de se contrair no bardo, nosso coração irá se expandir. Talvez sejamos capturados pelo medo e nossa reação será de nos retrairmos em nós mesmos, porém, devido à prática anterior, nós naturalmente nos puxaremos desse mergulho. Olharemos em volta para ver quem está lá conosco, cogitando o que pode estar se passando com eles.

Como um estado mental positivo é muito importante na morte e nos bardos, esse coração aberto proporcionará

---

6 Encontre mais práticas de *bodhicitta* em Os lugares que nos assustam.

uma jornada pacífica e positiva. Irá propiciar as causas e condições perfeitas para despertar a qualquer momento durante o estágio intermediário entre a morte e o nascimento.

Ao contrário do calor da bondade, o calor da devoção a um professor pode ser surpreendentemente difícil para muitos de nós sequer considerar, quanto mais abraçar. Há quem se perturbe com a mera palavra "devoção", especialmente quando ligada a professores espirituais. Isso se dá porque, nos tempos modernos, muitos deles realmente prejudicaram seus alunos e traíram sua confiança. Contudo, acredite, a devoção a um professor autêntico, que apenas age para beneficiar você, é mágica. Citando Dzogchen Ponlop Rinpoche, é "uma chave que abre a porta para as mais profundas experiências da mente".[7]

Às vezes temos a sorte de conhecer pessoas que parecem viver completamente no agora, pessoas que tocam profundamente a abertura do nosso ser. Conheci muitas delas e sei que basta pensar nelas para imediatamente me conectar à consciência aberta, à natureza desperta que está disponível a todos, embora seja reconhecida por relativamente poucos.

Esse reconhecimento da nossa natureza é precioso e milagroso. Como já ouvi muitas vezes, o que buscamos já é nosso. Em última análise, há um único mestre: a natureza verdadeira da mente. Quando me conecto com ela, a sensação é de estar me conectando com meu mais profundo potencial. É por isso que tenho uma gratidão

---

[7] Uma discussão mais abrangente sobre esse assunto encontra-se em *Acolher o indesejável*, capítulo 19: "Aprendendo com nossos professores".

ilimitada por todos os professores que me introduziram à natureza da mente e à sacralidade do mundo e seus seres. A verdadeira devoção, me parece, é a receptividade de coração aberto às coisas como elas são.

Quando me deparei com o urso na mata e comecei a recitar OM MANI PADME HUM, eu não estava invocando uma deidade externa para me salvar, mas sim fazendo uma conexão com as bênçãos compassivas que sempre estão disponíveis para aquele urso e para mim. Portanto, seja hoje ou quando eu morrer, sei que chamar meus mestres, ou figuras de sabedorias como Kwan Yin ou Avalokiteshvara, é realmente me abrir para uma fonte de bênçãos inseparáveis de minha própria natureza básica. Estou me abrindo àquela parte da minha natureza que está além das propensões ou *kleshas* – ou de qualquer estilo de autocentramento.

Sem dúvida essa é uma experiência de conexão comovente e sublime. Para mim é uma experiência de devoção. Tal devoção não é uma adoração irracional ou uma idealização de uma pessoa específica. Contudo está ligada à lembrança de professores específicos e ao que eles me mostraram. Quando caminhei na tábua naquele experimento de realidade virtual, foi a devoção que me possibilitou "saltar". Após um extenso período de pavor, pensei em Trungpa Rinpoche e ouvi sua inconfundível voz aguda dizer: "Você consegue". Foi o suficiente para que eu me conectasse com minha coragem inata.

Agora e no bardo, sei que o afeto caloroso é a chave. Pensar no bem-estar dos outros e abrir meu coração às bênçãos dos meus mestres – tenho confiança nesses dois métodos maravilhosos.

22

Os seis reinos

Uma vez entrando no bardo do vir-a-ser, se não formos para um reino puro, estamos a caminho de outro nascimento no *samsara*, o ciclo aparentemente infinito de nascimento e morte. Assim como no bardo do *dharmata*, luzes de diferentes cores, aconchegantes, suaves, sedutoras, irão aparecer. A menos que tenhamos desenvolvido força e coragem para evitar sua atração, essas luzes nos levarão de volta a um dos reinos da existência *samsárica*.

Estamos presos no *samsara* há mais tempo do que conseguimos lembrar – mais tempo do que qualquer um consegue lembrar. Usando uma metáfora clássica, um ser vivo no *samsara* é como uma abelha presa num pote tampado. Ela zune para cima e para baixo, vai e volta sem nunca conseguir sair e voar no espaço aberto. De modo semelhante, no *samsara*, vamos para cima e para baixo – de vidas felizes a vidas desgraçadas e de volta outra vez – ficando presos nesse ciclo. E apesar de haver alguns nascimentos muito bons no *samsara*, de modo geral esse ciclo contém mais insatisfação que alegria.

Nos ensinamentos tradicionais, o *samsara* está dividido em seis reinos. Geralmente são listados a partir do mais doloroso ao mais agradável: o reino dos infernos, o reino dos fantasmas famintos, o reino dos animais, o reino dos humanos, o reino dos deuses invejosos e o reino dos deuses. São seis categorias de experiência de vida dentro do pote. Mas logo em seus primeiros ensinamentos, o Buda explicou que existe um caminho para sair do *samsara* como um todo. Por fim, todos nós podemos e iremos nos libertar dos reinos para desfrutar do espaço ao ar livre do despertar. Como ouvi Dzigar Kongtrul Rinpoche dizer uma vez: "Mais cedo ou mais tarde, é garantido".[8]

Os ensinamentos tradicionais falam sobre esses reinos como se fossem lugares literais, tão reais quanto o ambiente familiar no qual nos encontramos agora. Trungpa Rinpoche, porém, apresentou os reinos como estados psicológicos. Ele entendia que muitas pessoas no Ocidente rejeitavam qualquer conversa sobre vida após a morte, especialmente se tivessem sido criadas com ameaças de vários tipos de inferno. Eu mesma não era muito aberta à contemplação desses reinos até ouvir os ensinamentos de Trungpa Rinpoche. Em vez de falar sobre eles como locais físicos que poderíamos encontrar em algum tipo de mapa cósmico, ele ensinou os reinos como projeções de nossas emoções reativas. A expressão que usava para descrevê-los era "estilos de aprisionamento".

A ideia é que, ao estar nas garras de uma emoção poderosa, aquele *klesha* governa você e o seu mundo. Determina seu estado mental e o modo como o ambiente aparece para você. Você se sente aprisionado em um reino

---

[8] Uma ilustração dos seis reinos encontra-se no apêndice C na página 223.

inteiro criado pelo *klesha*. Isso acontece em nosso cotidiano; repetidamente nos encontramos naquele mesmo estado de emoção dolorosa. Não sabemos como chegamos lá e não sabemos como sair, mas nos parece bem familiar.

O reino dos infernos é o reino da raiva e da agressividade. Os ensinamentos tradicionais mencionam muitos tipos de inferno, mas a maioria deles cai em duas categorias: quente e frio. Nos infernos quentes, a ideia básica é que tudo está em chamas e é impossível não se queimar. Nos infernos frios, tudo é gelo. Você está nu, congelando e sua pele fica com rachaduras medonhas. Em qualquer versão de inferno que você se encontre, uma das principais características é que parece durar eternamente.

Para algumas pessoas, uma mente colérica é como fogo; para outras é mais como gelo. Em qualquer dos casos, você fica preso por sua intensidade. Nas garras da raiva, o único escape parece ser o extravasamento. Mas ao invés de trazer alívio, sua agressividade somente prolonga e amplia o tormento, deixando o calor mais tórrido e o frio mais gélido. Você se sente claustrofóbico e desesperado. É por isso que o tormento da raiva parece durar uma eternidade; é como uma armadilha de onde não há escapatória. Diz-se que há seres compassivos que tentam ajudá-lo nos infernos. Nos quentes, elas lhe oferecem água; nos frios, fogo para aquecê-lo. Mas você está tão convencido de que todos estão contra você que recusa a ajuda deles.

É fácil ver como isso se aplica até no conforto relativo do nosso mundo humano comum. Meu caro amigo Jarvis Masters está na prisão por mais tempo do que esteve fora.

Durante esse tempo, ele presenciou muita gente no inferno. No cárcere, o sofrimento da agressividade e do desespero é imenso. O que ele tenta fazer, além de oferecer sua amizade, é convencer seus irmãos a não intensificar a dor atacando outros presos ou os guardas. Ele tenta mostrar como a atitude de não retaliar trará melhores resultados e irá melhorar sua dor. Ele conta que alguns o escutam e veem sentido naquilo, mas muito poucos conseguem romper o velho hábito de querer vingança. Muito poucos conseguem conter essa ideia e seu extravasamento.

No reino dos fantasmas famintos, as descrições dos seres são grotescas. Alguns têm barrigas vazias enormes, mas a boca é do tamanho de um ponto e a garganta fina como um fio de cabelo. Estão sempre com fome e não há quantidade de alimento que os satisfaça. Tradicionalmente, está ligado à emoção da avareza, mas o termo usado por Trungpa Rinpoche era "mentalidade da pobreza". Trata-se de uma sensação de carência que nunca encontra satisfação. Ninguém jamais o ama o suficiente, nada basta, você é sempre deixado de fora. A sensação de fome é constante. Tudo que acontece o faz sentir incompleto, como um perdedor.

O reino dos animais está associado ao *klesha* da ignorância. Mas não esqueça, a palavra "ignorância" pode ser mal entendida e confundida com estupidez. À sua maneira, os animais são muito inteligentes. Sempre me lembro da época em que passei uma semana tentando enganar um esquilo que estava comendo todas as sementes no meu alimentador de pássaros. Fiz tudo que podia imaginar. Procurava pendurar o alimentador em lugares de difícil acesso, achando que seria impossível ele alcançar. Mas o esquilo sempre me passava a perna.

Embora os animais sejam altamente inteligentes em sua própria esfera, em geral não têm mentes flexíveis. O esquilo pode ser um gênio em termos de furto de sementes, mas não saberia se virar para sobreviver num ambiente estranho. Quando as coisas ficam imprevisíveis, quando sua rotina é interrompida, os seres do reino animal sentem-se desnorteados e desamparados.

"Reino dos animais" não quer necessariamente dizer ser um animal em si. Aqui, trata-se de certa mentalidade bem conhecida de muitos seres humanos. Em vez de "ignorância" prefiro pensar em "ignorar". Quando está fora da esfera em que funciona bem, você fica ansioso e se ressente ao ser desafiado. Mas em vez de partir para uma emoção como a ira, você lida com sua ansiedade ignorando. Finge que não está acontecendo. Afasta a situação indo navegar na internet, jogar paciência ou ficando à toa. A declaração que sintetiza essa mentalidade é "Só estou tentando sobreviver". Você quer somente operar dentro da sua esfera de confiança, sem se incomodar com mais nada. É uma espécie de mentalidade do *status quo*.

Os reinos dos infernos, dos fantasmas famintos e dos animais são chamados de "reinos inferiores" porque é onde o sofrimento é mais intenso. Isso é óbvio nas descrições dos reinos dos infernos e dos fantasmas famintos, mas talvez menos em relação a muitos animais que observamos. Animais de estimação amados, por exemplo, parecem ter vidas agradáveis, confortáveis. Mas de modo geral, os animais passam a maior parte do tempo sentindo medo. Não sabem exatamente quais ameaças os esperam ou quem pode estar olhando para eles como se fosse uma refeição, então vivem em constante estado de temor. Isso pode ser visto em todos os tipos de animais: na terra, no ar e no fundo do mar. Aqueles passarinhos fofos que comem na sua mão não ficam apenas comendo, estão sempre nervosos, olhando em volta para garantir que não serão atacados.

O reino humano é mais favorável que os reinos inferiores porque o sofrimento não é implacável. Dor se alterna com prazer. No reino dos fantasmas famintos, nós queremos e queremos e queremos, mas nunca conseguimos. No reino humano, nós também passamos a maior parte do tempo querendo – mas às vezes conseguimos. Nosso sucesso é frequente o bastante para dar a impressão de que podemos dar um jeito de conseguir o que queremos o tempo todo. Isso estabelece a mentalidade predominante do reino humano: esperamos ter somente prazer e nenhuma dor. Temos esse desejo constante e ingênuo de dar um jeito de interromper essa alternância.

Passamos o tempo tentando ficar com as pessoas que nos agradam e evitando as que nos desagradam; tentando estar em situações confortáveis e agradáveis, evitando as desconfortáveis e desagradáveis; tentando nos agarrar a qualquer coisa prazerosa que tenhamos à mão para afastar toda a dor. O pensamento que não cessa em nossa mente é: "Se ao menos eu tivesse [preencha a lacuna], então eu seria feliz". O principal *klesha* aqui é o apego. O sofrimento primário nesse reino é não conseguirmos aceitar a alternância de prazer e dor. Em vez disso, tendemos a ficar obcecados com a tentativa de atingir ou manter o conforto.

No reino do deuses invejosos, a balança pende mais para o prazer que para a dor. O deu invejoso atingiu sucesso e boas condições. Tudo indica que não deveria haver nada a reclamar. Mas o deus invejoso sofre de uma insegurança arraigada. Você não para de dizer "Sou o melhor", mas lá no fundo sente que não é de fato. Então, fica sempre olhando em volta, comparando-se com os outros. Você quer estar no grupo da elite, entre os mais belos e poderosos. Isso nunca tem fim. Você sempre precisa provar que é melhor que todo mundo. Com essa mentalidade, você desenvolve uma espessa armadura em volta do coração, que o impede de se conectar com os outros.

Como os fantasmas famintos, os deuses invejosos sempre querem mais. A principal diferença é que estes já têm muito. Mas em vez de aproveitarem a boa sorte, ficam envolvidos com competitividade, rivalidade, demonstrações de superioridade e paranoia. Um exemplo em nosso mundo pode ser o líder de uma corporação ou país poderoso. Algumas dessas pessoas estão sempre num estado paranoico, constantemente olhando em volta para ver se outra empresa ou país está ganhando poder ou status. Gastam boa parte de sua energia tentando garantir que ninguém mais leve vantagem.

Acima dos deuses invejosos estão os deuses, que experimentam prazer puro e contínuo. Desfrutam de luxo, conforto, saúde, riqueza, diversão e tudo o mais que alguém possa querer ou necessitar. Eles não apenas pensam

"Eu sou o melhor", eles *sabem* que são. Aqui o *klesha* principal é o orgulho.

Tive alguma experiência do reino do deus quando estava no ensino médio. Eu estudava num internato feminino onde a maioria das garotas era extremamente rica. Às vezes, eu frequentava a casa delas durante as férias e convivia com suas famílias. Elas se sentiam tão seguras em suas posições e modo de pensar que nunca lhes passava pela cabeça a existência de outras boas maneiras de se viver. Não tinham a menor dúvida de que seu gosto era bom gosto. Elas também desempenhavam um bom papel social: faziam caridade, ajudavam as pessoas e não desdenhavam ninguém. Mas, ao mesmo tempo, supunham que seu modo de ser era o melhor – o único, na verdade. Eu adorava aquela escola e ainda tenho boas amigas daquela época – mulheres inteligentes que encaminharam bem suas vidas. Mas vendo em retrospecto, consigo enxergar as limitações da mentalidade do reino dos deuses.

Nas descrições tradicionais, os deuses vivem uma vida extremamente longa e sem nenhum sofrimento. Isso dura tanto tempo que parece que nunca vai acabar. Eles tomam como garantido que permanecerão neste estado perfeito para sempre. Mas, como sabemos, tudo chega ao fim. Em algum momento, os deuses começam a mostrar sinais de decadência. Pela primeira vez, eles percebem que sua vida como um deus é finita. Dizem que a dor de perceber que eles estão indo para um reino inferior é tão grande que se compara com os sofrimentos dos infernos.

Trungpa Rinpoche costumava falar sobre como é fácil adentrar a mentalidade do reino do deus em sua prática espiritual. Pode-se almejar – e até alcançar – um estado de êxtase em que tudo e todos são belos e tudo é como deveria ser. Mas esta é apenas uma experiência temporária que é desconectada da realidade. Você perde contato com o fato de que há muita gente sofrendo. A crueza da vida não lhe parece real, então você exclui de seu enquadramento todas as pessoas que estão vivenciando essa crueza. Assim, a prática pode virar um modo de ficar alheio em vez de um modo de despertar.

Todo tipo de mentalidade associada aos reinos é um estado mental temporário. Podemos nos inclinar a fixar residência semipermanente em um ou dois estados psicológicos com mais frequência que em outros, mas não estamos condenados ao aprisionamento neles. Não importa o quão fortes sejam suas tendências de deus invejoso, por exemplo, essas emoções e hábitos mentais não são tão sólidos e imutáveis quanto geralmente parecem.

A principal coisa que nos mantém presos na experiência de qualquer reino – seja ele infernal, divino ou mais intermediário – é nossa falta de consciência. Portanto, o primeiro passo para sair de um reino é estar consciente de que você está lá. Por exemplo, se você está num estado de mente infernal e acha que tudo e todos estão contra você, seu comportamento padrão inconsciente é culpar. É culpa das pessoas que lhe trazem a comida errada, ou das que abrem as janelas quando deveriam estar fechadas, ou das que pegam o que lhe pertence. São sempre os outros, as condições externas. É quase como se você não tivesse escolha a não ser ficar furioso.

No entanto, uma vez tendo consciência disso, você já está no caminho de saída daquele reino. De imediato pode não parecer: sua consciência geralmente intensifica a emoção no início. Mas quando você começa a prestar atenção ao que a raiva (ou a mentalidade da pobreza ou o ignorar) realmente é, começa a encontrar recursos internos. Qualquer dos modos que discutimos de trabalhar com os *kleshas* – conter-se, transformar e usá-los como caminho – serve para nos tirar do estado psicológico em que nos sentimos presos. Eles podem nos ajudar a ver que além do tumulto emocional e de nossos enredos existe espaço. A princípio, somente vemos isso nas pausas e brechas, mas com o tempo, conforme continuamos a praticar, nossa experiência dessa espaciosidade se expande. O coração e a mente do praticante se expandem continuamente.

Quando nos tornamos mais capazes de sair de nossos reinos, começamos a ver esses estilos de aprisionamento de modo mais leve, menos sólido. Costumamos nos identificar com nosso *klesha* dominante: "Sou uma pessoa raivosa", "Sou invejosa" e assim por diante. Fazemos o mesmo com os outros: "Ele é ganancioso", "Ela é arrogante". Mas ninguém tem um único modo de ser. Nossa situação é muito mais fluida que isso.

Encarar nossas experiências emocionais como estados temporários nos ajuda a compreender que elas não são nossa verdadeira identidade. Em vez disso, transformam-se em evidências de que não temos uma identidade real fixa. Nossa natureza verdadeira está além de qualquer reino. Quando atingimos a total percepção disso, a tampa do pote se abre e a abelha é liberada.

23

A escolha do nosso próximo nascimento

Os seis reinos do *samsara* são lugares de fato ou estados psicológicos? Essa pergunta logo provoca uma interessante contemplação. Será que realmente existe diferença entre estar num estado psicológico e estar num lugar de fato? Por exemplo, existe alguma diferença significativa entre pensar e sentir que você está no inferno e "de fato" estar no inferno? Será que um é melhor que o outro ou ambos são igualmente terríveis?

Digamos que duas pessoas estejam sentadas na mesma sala. Elas parecem estar vendo, ouvindo e cheirando as mesmas coisas. No entanto, uma está ansiosa com algo que pode acontecer no dia seguinte enquanto a outra está lembrando de uma coisa boa que aconteceu naquela manhã. Uma tem ótimo olfato enquanto a outra está com o nariz entupido. Uma acha que o mundo está contra ela, o que parece se confirmar a cada experiência; a outra acha que as coisas estão melhorando, o que parece se confirmar a cada experiência. Quanto mais olhamos para essa situação, mais percebemos que essas duas pessoas sentadas na mesma sala estão tendo experiências radicalmente diferentes.

Isso nos dá uma ideia do quanto a nossa "realidade" é uma projeção da nossa mente. Embora o mundo exterior pareça ser uma realidade objetiva com a qual todo mundo concorda, cada indivíduo parece estar vivendo seu próprio sonho particular. Na verdade, podemos nos perguntar: "De que maneira minha experiência atual é diferente de um sonho?" Ou até mais incisivamente: "Como posso saber se não estou sonhando exatamente agora?"

O bardo do vir-a-ser também é descrito como um sonho. Portanto, em certo sentido, quando vamos do bardo do vir-a-ser para nosso próximo nascimento num dos reinos, não estamos simplesmente passando de um sonho para outro? Todos os ciclos de vida e morte não são simplesmente um sonho sem fim? Essas são perguntas provocativas e acho que vale a pena ponderar a respeito.

Para explorar essa ideia de um modo mais direto, gosto de fazer a seguinte prática. Escolha uma ou algumas coisas que você faz regularmente em sua vida cotidiana. Pode ser escovar os dentes, lavar a louça ou dirigir o carro numa rua específica. Ou pode ser algo que você vê ou ouve regularmente: uma placa, a porta do seu apartamento, o som do telefone. Aí, sempre que fizer, ver ou ouvir aquela coisa, pause e diga: "Isso é um sonho". É uma minúscula contemplação – um leve toque. Assimile-a por um segundo e continue com seus afazeres.

Você pode dizer isso de diferentes maneiras: "Isso é como um sonho" ou "Será que isso é um sonho?" Se continuar com essa prática sempre que se deparar com essas coisas, ficará mais acostumado a questionar a solidez de sua experiência. Descobri que quando intensifico essa prática, os limites entre estar acordada e sonhando começam a ficar difusos. Por fim, a prática pode influenciar os seus sonhos de fato e até lhe possibilitar acordar em meio a um sonho e ficar consciente da irrealidade de tudo que está percebendo. Você sabe que está sonhando e que tudo é uma projeção da sua própria mente. Idealmente, isso será transferido para o bardo do vir-a-ser, quando será muito útil ter tal perspectiva em meio a tanta agitação e caos.

Quanto mais realizo essas práticas e contemplações, menos certeza tenho da distinção entre realidade e sonho, entre estados psicológicos e lugares físicos. Ao mesmo tempo, sejam quais forem as palavras que se use, todas as nossas experiências são, sim, sentidas como totalmente reais e são importantes para nós. Essa é nossa realidade, o reino onde vivemos.

Todos os seres experimentam isso, mas muito poucos – nenhum dos animais, por exemplo – têm acesso aos ensinamentos que podem ajudá-los a despertar do sonho, a despertar de seu estilo particular de aprisionamento. Nós humanos, por outro lado, temos essa possibilidade. Seja o que for que achemos que vá acontecer no futuro e depois da morte, se aproveitarmos esses ensinamentos agora, estaremos fazendo um grande favor a nós mesmos e a muitos outros.

Segundo a tradição, o bardo do vir-a-ser é o estado intermediário no qual escolhemos nosso próximo renascimento. Mas aqui uso a palavra "escolher" de modo leve. Quando está sonhando, você pode escolher para onde vai e aonde chega? Em nossos sonhos, geralmente as coisas simplesmente acontecem e reagimos de acordo com nossos padrões habituais. Mas, novamente, há momentos em que não somos levados pelo enredo do sonho e subitamente percebemos que há uma escolha – ficar conscientes ou continuar adormecidos.

No onírico bardo do vir-a-ser, o puxão do *karma* é tão forte que geralmente dá a impressão de não termos escolha. A maioria dos seres é simplesmente arrastada para seu próximo nascimento com base em suas propensões. Dizem os ensinamentos que somos atraídos para luzes suaves que nos levam para o renascimento em um dos seis reinos: qualquer um que seja a continuação mais natural da mentalidade e tendências da nossa vida anterior. Mas se tivermos algum conhecimento prévio do bardo do vir-a-ser, às vezes poderemos reconhecer o que está acontecendo e ser capazes de fazer uma escolha. Talvez nos lembremos que aquelas luzes suaves, reconfortantes, que parecem tão receptivas, podem nos levar aos reinos inferiores e assim sejamos capazes de conter o impulso naquela direção.

Trungpa Rinpoche falava sobre treinar para os bardos aproveitando aqueles momentos da vida em que estamos oscilando no "limiar da magia". São as situações em que temos a escolha entre acolher o desconhecido ou nos voltarmos para o familiar – ou seja, a escolha entre nos abrirmos para o que não conhecemos ou nos fecharmos no comportamento habitual.

Agora, devido à nossa orientação para o conforto, nos inclinamos a escolher nosso comportamento habitual, mesmo quando temos quase certeza que terá um mau resultado. Mas certamente não estamos destinados a fazer más escolhas todas as vezes. Comer toda a caixa de bombons ou tomar toda a garrafa de vinho pode lhe trazer um conforto imediato, mas você sabe por experiência que após a gratificação instantânea, se sentirá física e mentalmente mal. Quando continua com seu comportamento repetitivo, que vem com tanta facilidade, você garante um resultado doloroso. Mas se permitir que o puxão sedutor do hábito passe através de você – por mais difícil que seja – qualquer outra coisa que fizer renderá um melhor resultado.

No bardo do vir-a-ser, as luzes suaves começam a aparecer depois de termos vagado por algum tempo, sendo soprados para cá e para lá pelo nosso *karma*. Nesse ponto, o ser no bardo, exausto e desesperado por alguma forma de estabilidade, anseia por um corpo físico. Ficamos fora da nossa zona de conforto por tanto tempo que é difícil resistir a qualquer coisa que possa representar familiaridade e base sólida. Trungpa Rinpoche comparava esse estado de mente àquele de uma pessoa que há muito tempo vive na rua e está desesperada para arrumar um apartamento e se acomodar.

A menos que tenhamos feito aspirações para renascer num reino puro e direcionado nossos pensamentos a ele durante o bardo da vida, agora estaremos prontos para outro nascimento no *samsara*. Mas ainda não é tarde demais para evitar que sejamos carregados a esmo pela força de nossos hábitos inconscientes, acabando perdidos nos reinos inferiores. Novamente, é uma questão de saber para onde direcionar nossos pensamentos. A questão então se torna: se podemos escolher um reino *samsárico* onde nascer, qual devíamos escolher?

Eu, por exemplo, não escolheria nascer no reino dos deuses – mesmo que o prazer ininterrupto que o caracteriza seja a fantasia da maioria dos humanos. O reino dos deuses – seja o lugar de fato ou o estado psicológico – parece ter todas as boas coisas da vida e nenhuma das ruins. Mas se nossa meta é sair completamente do *samsara*, um nível tão elevado de privilégio não ajuda. O prazer todo-abrangente dos deuses os deixa desconectados das dificuldades por que passam outras pessoas e os animais. É o que se pode chamar de luxo da alienação. Nesse estado, é difícil sentir compaixão ou motivação para mudar. Por isso, o reino do deus tende a ser um lugar de estagnação espiritual.

O reino dos deuses invejosos é menos prazeroso que o dos deuses e certamente não é melhor porque os deuses invejosos também não refletem sobre si mesmos. E somente *bodhisattvas* avançados escolheriam nascer nos reinos inferiores, onde o sofrimento é tão intenso e contínuo que parece não haver brechas. Nesses estados os seres estão tão consumidos pela própria dor, desconforto e medo que não têm capacidade de olhar para as causas mais profundas de seu sofrimento e tomar atitudes para encontrar uma saída de todo o sistema. Toda sua atenção está focada no doloroso momento presente.

Quando penso nos prós e contras de cada reino desse modo, vejo que o ideal é nascer neste onde me encontro agora. Esta é a nossa preciosa vida humana, com seus altos e baixos, esperanças e decepções, momentos de clareza e momentos de confusão. É claro, nem toda vida humana é assim. Algumas pessoas residem na alienação dos deuses, algumas na competitividade dos deuses invejosos e a maioria vivencia um sofrimento tão grande que as impede de ter qualquer espaço mental para um caminho espiritual. Há incontáveis pessoas que vivem em lugares ou situações tão cheios de dificuldade que não podem se dar ao luxo de tirar a atenção do mundo exterior para se dedicar à transformação interna.

Mas se você está lendo este livro, é provável que não esteja em nenhuma dessas categorias. Sua vida lhe dá dor suficiente para instigá-lo a buscar respostas e conforto suficiente para lhe dar algum alívio. Em termos de crescimento espiritual, o reino humano está funcionando bem para você: a alternância entre felicidade e sofrimento é o equilíbrio perfeito que propicia um solo fértil para o despertar. Então, se tiver que renascer no *samsara*, almejar uma vida semelhante a que tem agora é uma boa meta. Na verdade, há uma ótima chance de que sua próxima vida seja melhor que esta. Como tudo que vai de uma vida para a outra são suas propensões, os hábitos positivos que está cultivando agora irão adiante para sua próxima vida e beneficiarão seu "eu" novo em folha.

Caso seu objetivo seja despertar com todo o seu potencial para ajudar a si mesmo e aos outros a se livrarem da confusão e aproveitarem plenamente o coração aberto e nossa brilhante mente semelhante ao céu, o lugar ideal a estar é bem aqui no velho e bom reino humano.

Uma grande vantagem do reino humano é que ele nos dá uma perspectiva de todos os outros reinos – e do *samsara* como um todo. Graças às nossas diversas experiências de dor e prazer, assim como à nossa capacidade de imaginar, temos maior possibilidade de perceber as dificuldades que os outros atravessam. Quando estamos felizes, sabemos como é ser feliz e podemos nos regozijar com a alegria e a boa sorte dos outros. E quando experimentamos a inevitável alternância do reino humano e chega a nossa hora de passar por dificuldades, nosso desconforto pode se tornar uma ferramenta valiosa de crescimento.

Nossa dor pode se tornar uma janela para a dor dos outros e nos ajudar a desenvolver empatia. Nossa confusão pode abrir o nosso coração à confusão dos outros. Nossa ansiedade pode aumentar nosso cuidado com outras pessoas que estão ansiosas. Começamos a perceber como todos estão lutando de um modo ou de outro. Talvez seja uma luta mais ligada ao reino dos animais ou ao reino dos deuses invejosos, mas seja qual for, é uma luta difícil e sabemos o esforço que requer para nos libertarmos. Sob essa perspectiva, faz sentido valorizar o reino humano e aspirar renascer aqui em nossa próxima vida. Faz ainda mais sentido aspirar nascer em uma situação na qual você naturalmente irá se conectar aos ensinamentos espirituais e onde será de maior benefício aos outros. Em *O livro tibetano dos mortos* há a seguinte aspiração: "Onde quer que eu nasça, que toda a terra seja abençoada e assim possibilite a felicidade de todos seres sencientes".

Ao aspirar nascer com uma vida humana preciosa, estamos apreciando a vida rica e turbulenta que temos agora. Estamos reconhecendo que, embora nem sempre seja fácil, nossa vida humana nos dá exatamente o que precisamos para o crescimento espiritual. Essa apreciação nos ajudará a gravitar para o reino humano ao final do bardo do vir-a-ser.

Ao nos prepararmos para o fim inevitável de nossas vidas, há quatro aspirações principais que podemos fazer, e considerar como planos de A a D. O plano A é atingir a iluminação no momento da morte, fundindo a luminosidade-filha com a luminosidade-mãe (ver capítulos 5-7). O plano B é despertar no bardo do *dharmata* fundindo-se às luzes brilhantes ou com a deidade (ver capítulo 17). O plano C é renascer num reino puro, onde poderemos progredir rapidamente no caminho (ver capítulo 20). Finalmente, o plano D é renascer como ser humano com as condições mais propícias ao progresso espiritual.

Sinto que, se realizarmos qualquer uma dessas aspirações, poderemos dizer que nossa vida foi bem aproveitada. Por outro lado, o potencial para o completo despertar não é uma perspectiva distante; é algo que pode ser alcançado num futuro próximo por pessoas como você e eu. Certa vez tive uma conversa sobre esse assunto com Sua Santidade o Décimo Sétimo Karmapa, Ogyen Trinley Dorje, um mestre profundo que me é muito caro. Perguntei-lhe em que reino puro eu deveria aspirar renascer e ele parou para pensar. Depois disse: "Bem, Sukhavati, o reino puro de Amitabha, é muito bom. Mas por que não pular tudo isso e deixar que a luminosidade-mãe e a luminosidade-filha se encontrem?" Sinto que é pedir demais, mas guardo como um precioso conselho do coração.

24

Como ajudar os outros com a morte e o morrer

Quando minha mãe morreu, não me foi possível chegar lá antes, mas ouvi de Trungpa Rinpoche que não era tarde demais para ajudá-la. Ele sugeriu que eu me sentasse ao lado do corpo e lhe dissesse que boa mãe ela havia sido e o quanto eu a amava. Recomendou que eu compartilhasse boas lembranças de quando estávamos juntas e dissesse tudo que a deixasse feliz e relaxada.

Outro conselho fundamental de Trungpa Rinpoche foi de lembrar continuamente à minha mãe de seu falecimento, para que ela pudesse soltar sua vida e não sentisse necessidade de ficar por aqui. Consegui seguir seu conselho. Fiquei comovida ao ficar sozinha com ela no funeral e tive a sensação de estar acalmando sua mente e ajudando-a a realizar a transição.

O que fiz com minha mãe baseia-se na visão tibetana de que a consciência fica junto ao corpo por certo período após a morte. Embora o corpo físico esteja morto, a consciência ainda está ciente do que acontece. Muitos cuidadores paliativos com quem falei compartilham essa visão. Após a morte de alguém, eles fazem o possível para manter uma atmosfera pacífica. Tomam cuidado com o que dizem e com o modo de lidar com o corpo e com os pertences da pessoa.

Quando me perguntam sobre como ajudar os outros no processo de morrer e através dos bardos, geralmente começo lhes contando essa história. Sejam quais forem suas crenças, a ideia geral é ficar sensível ao fato de que a pessoa está passando por uma importante transição. Desde o momento em que descobre que está morrendo, irá passar por muitas experiências intensas e o melhor que podemos fazer é estarmos abertos, sensíveis e presentes com o que quer que surja. Não importa se a pessoa está num estado avançado de demência, em coma ou se acabou de falecer, devemos nos comportar como se ela estivesse consciente de nossa presença e tentar ficar com ela de uma maneira firme, amorosa e estável.

Madre Teresa fundou seu *hospice* em Calcutá, na Índia, com base na simples ideia de garantir que as pessoas se sentissem amadas ao morrer. Ela recolhia as pessoas das ruas, que morreriam sem que uma única outra se preocupasse com elas, e as levava para seu *hospice* para que vivessem seus últimos dias num ambiente tranquilo e amoroso. Se pudermos ter em mente essa simples motivação com as pessoas que estão morrendo e as recém-falecidas com as quais estamos conectados, será possível fazer muito para encorajá-las e ajudá-las a fazer uma transição suave. Podemos mais uma vez lembrar a oração de Dzigar Kongtrul Rinpoche: "Que eu possa, com tranquilidade e grande felicidade, soltar todos os apegos a esta vida como um filho ou filha voltando para casa". Essa tranquilidade e grande felicidade é o que desejamos para qualquer um que esteja morrendo ou já morreu. Assim como para nós mesmos também.

Dentro deste conselho geral para ser atencioso e encorajador, muitas coisas adicionais são recomendadas para ajudar as pessoas no processo de morrer, algumas das quais transmitirei agora. A partir daqui, falarei mais ou menos a partir da visão tibetana, mas muitos desses conselhos podem ser adaptados para se alinhar com seu próprio sistema de crenças e com a pessoa de quem você está cuidando.

A primeira recomendação é deixar a pessoa saber o que está acontecendo, estágio por estágio. Se formos familiarizados com os sinais da dissolução externa, podemos avisá-la, por exemplo, quando o elemento terra estiver se dissolvendo. Podemos lhe dizer que sentir-se desconfortavelmente pesada é natural e nada há a temer. Isso a ajudará a compreender que ela está passando por algo que faz parte do processo universal de morrer.

Depois da morte física da pessoa, é improvável que sejamos capazes de saber em que estágio ela se encontra, mas se ela tiver uma inclinação budista ou espiritual, podemos ler para ela alguns trechos de *O livro tibetano dos mortos*, que é escrito em forma de conversa. Uma maneira tradicional de fazer isso é sussurrar no ouvido da pessoa. Depois, você pode continuar lendo o livro para ela durante os 49 dias do bardo do vir-a-ser. Como um ser nesse estado tem certo nível de clarividência, não é necessário estar em sua presença para se comunicar. No entanto, se a pessoa tiver outra fé – ou em vida não tiver se conectado com algo tão estrangeiro quanto *O livro tibetano dos mortos* – é melhor apenas falar com ela, como fiz com minha mãe, e ajudá-la a se sentir apreciada. De qualquer modo, é importante lembrá-la frequentemente de que ela morreu e agora pode seguir em frente.

Alguns anos atrás eu estava fazendo um retiro solitário em que os ensinamentos do bardo eram meu foco principal. Durante esse período, uma querida amiga faleceu. Como eu estava em retiro e tinha muito tempo disponível, pude passar todos os 49 dias conversando com ela e lendo *O livro tibetano dos mortos*, além de fazer todo o possível para encorajá-la. Eu não podia saber em que estado ela se encontrava, mas sentia que se lhe dissesse essas coisas inspiradoras sobre os bardos, ela captaria. Em seus últimos anos de vida, ela tivera Alzheimer e estava confusa. Mas depois que os elementos desta vida se dissolvem, essas nuvens específicas se desfazem e a consciência fica muito receptiva a quaisquer palavras de sabedoria. Esse processo com minha amiga elucidou toda a minha compreensão da morte. Os ensinamentos ficaram muito mais reais para mim e me inspiraram a acolher o desafio da minha própria transição desta vida.

Trungpa Rinpoche nos ensinou que os primeiros três dias após a morte de alguém são especialmente críticos. Como não há duas pessoas que morram exatamente da mesma forma, é difícil ter certeza do momento em que se dá a dissolução final. Isso ocorre quando o elemento da consciência se dissolve no espaço. Nesse instante, temos a chance de atingir a iluminação deixando nossa luminosidade-filha se fundir com a luminosidade-mãe. Ou seja, é um momento muito crítico. Assim sendo, quando qualquer dos alunos de Rinpoche morria, tentávamos deixar o corpo onde estava por três dias, dando tempo suficiente à pessoa para as oportunidades dos planos A e B: na dissolução e durante o bardo do *dharmata*. Sentávamos em meditação com ela e também praticávamos *tonglen*. Se não fosse possível deixar o corpo onde estava por tanto tempo, fazíamos o possível para nos adaptar a qualquer situação, enfatizando a necessidade de manter a mente aberta e encorajadora como atmosfera favorável para o falecido.

Em algum ponto, enquanto se acreditava que o falecido estava no bardo do vir-a-ser, fazíamos o que é conhecido por cerimônia de Sukhavati. Esse é o nome da terra pura de Amitabha, um lugar onde se pode aspirar renascer. Nessa cerimônia, queimávamos sua fotografia e um papel com seu nome escrito. A ideia é que a pessoa visse isso acontecendo, o que a ajudaria a entender que morreu e lhe daria um gentil encorajamento para seguir em frente. Nós lhe garantíamos que ela poderia se libertar e que tudo e todos ficariam bem. Essa cerimônia aumenta a probabilidade de que a pessoa acorde no bardo onírico do vir-a-ser e seja capaz de escolher um nascimento favorável, seja num reino puro ou como ser humano que terá acesso a um caminho espiritual.

É claro, mesmo para alguém que tenha essas crenças e gostaria que tais práticas e cerimônias fossem desempenhadas em seu favor, sempre há chances de que as coisas não aconteçam como planejadas. Você pode morrer de repente enquanto estiver viajando ou pode estar conectado a uma porção de máquinas barulhentas, ou seus familiares podem começar a discutir ao lado do seu corpo e estragar a atmosfera tranquila. Há milhares de coisas que podem dar errado. Portanto, se quiser ter uma morte pacífica, a melhor maneira de garantir que isso aconteça é cultivar uma mente tranquila enquanto ainda estiver vivo, praticar não se perturbar tanto quando coisas indesejáveis adentrarem sua vida.

Outra coisa a considerar quando alguém morre é como lidar com seus pertences. Se pensarmos no quanto somos apegados a algumas de nossas coisas, vamos entender o quanto perturbaria um morto se tratássemos seus pertences de modo negligente. Pode não ser realista guardar cada coisa que ele estimava e manter tudo em condições imaculadas, mas seja o que for que se faça, devemos ter em mente seu apego e fazer o melhor para tratar seus pertences com respeito e, pelo menos, não discutir sobre eles. Se pudermos fazer isso por 49 dias, é o melhor.

Já comecei a trabalhar nos meus apegos às coisas para diminuir a chance de me perturbarem no bardo. Tenho uma lista das coisas que irão para pessoas determinadas, mas também estou tentando dá-las antes de morrer. Quando penso no quanto já fiquei irritada ao perder coisas triviais, como garrafas de água, percebo que quanto mais conseguir abrir mão antecipadamente, melhores serão minhas chances de ter sucesso ao atravessar os bardos.

Uma das minhas histórias favoritas é a de um monge que estava tão dedicado a se soltar seus apegos antes de morrer que já havia dado quase todos seus pertences. No instante de sua morte, ele notou sua xícara de chá na mesa de cabeceira e fez sinal ao seu amigo para que a alcançasse. Jogar a xícara pela janela foi seu último ato na Terra.

Seja como for que uma pessoa morra, sempre há maneiras de beneficiá-la, mesmo tempos depois de seu falecimento. Podemos realizar ações virtuosas e dedicá-las ao seu bem-estar – onde quer que esteja e qualquer que seja a forma que tenham assumido. Dar dinheiro às pessoas mais pobres, ajudar animais, visitar um vizinho idoso e solitário, simplesmente sorrir para alguém: qualquer coisa que se faça em favor dos outros, também se pode desejar que ajude a pessoa em processo de morte ou que já tenha partido.

Quando meu pai morreu, meu primeiro professor budista, Lama Chimé Rinpoche, me instruiu a oferecer-lhe sua comida e bebida favoritas por 49 dias. Segundo seu conselho, eu colocava as oferendas junto ao meu altar todas as manhãs, e à noite as dispensava num lugar limpo onde não seriam pisoteadas. Mais tarde aprendi que isso se baseia na crença de que no bardo do vir-a-ser, o ser que morreu tem fome e sede, mas só consegue se satisfazer com alimentos e bebidas que lhe sejam especificamente oferecidos. Não sei se isso é verdade, mas sei que todas as manhãs em que oferecia a comida e a bebida, eu sentia uma proximidade especial com meu pai, algo que sempre guardarei com carinho. Desde então, já fiz essa prática para muitas pessoas. Quando minha querida amiga morreu, eu lhe oferecia um banquete diário de café expresso e chocolate. Para mim, será água quente e torta de maçã.

Você também pode praticar *tonglen*. Por exemplo, se a pessoa prestes a morrer ou já falecida é um ente querido, primeiramente pense nela com muito amor. Depois, pense em qualquer desconforto, medo ou confusão que ela possa estar sentindo – qualquer coisa que a deixaria infeliz – e inspire isso com o desejo de que ela possa se libertar de tudo. Ao expirar, envie-lhe todo seu amor e carinho, além de tudo que possa deixá-la feliz ou lhe trazer alívio.

Ainda faço isso para meus pais, embora tenham partido faz muito tempo. Não tenho certeza de que os ajude, mas com certeza ajuda a mim. E como fomos tão intimamente ligados, sinto que isso tem um efeito positivo em suas mentes também, estejam onde estiverem.

Finalmente, é fundamental se permitir um luto completo pela perda de alguém próximo. Não há ensinamentos budistas dizendo que você não deve sentir saudade das pessoas e que deveria seguir em frente como se nada importante tivesse acontecido. Embora digam que a consciência continua após a morte e que as pessoas com propensões positivas terão renascimentos favoráveis, o pesar é uma emoção humana natural e bonita. É desconfortável quando o luto é descomunal e o exaure, mas com o passar do tempo, a tristeza fica cada vez menos intensa. No entanto, de vez em quando, do nada, você pensa na pessoa que perdeu e chora, o que é uma coisa boa. É um sinal de amor.

Deixar-se sentir dor e passar pelo luto também permite que você se solte aos poucos. Permite que o fluxo da impermanência continue. É claro, sabemos que a impermanência nunca para, mas temos uma capacidade mágica de congelar as coisas na mente e ficar presos no passado. Sentir plenamente a experiência do luto nos permite seguir em frente com nossa vida quando nos sentirmos prontos para tal.

Trungpa Rinpoche costumava falar sobre "o autêntico coração da tristeza", que é um lugar terno, aberto, onde você se sente conectado às pessoas e receptivo ao mundo. Esse é um estado mental positivo que pode acompanhar o luto. Quando estive em estado de luto, experimentei esse sentimento de conexão e apreciação pelos outros, mesmo quando não os conhecia e nem sequer os veria novamente. Lembro de uma vez em que estava pesarosa, indo aos correios, e senti um amor arrebatador por todas as pessoas que estavam na fila. Ao contrário de muitas outras emoções dolorosas, como raiva e inveja, a tristeza e o pesar tendem a nos conectar mais do que a nos separar. Talvez seja por que a tristeza nos deixa mais sintonizados com a impermanência universal de todos os aspectos da vida: dias virando noites, flores frescas murchando, crianças crescendo, amigos e parentes envelhecendo, nós mesmos amadurecendo.

Ao mesmo tempo, podemos ter em mente os ensinamentos sobre as duas verdades. No nível relativo, tudo muda e todos morrem. Todas as pessoas e coisas são tão transitórias quanto as nuvens e isso pode partir o coração. Mas no nível absoluto, nada morre. Vida após vida, nossos corpos vêm e vão, mas nossa verdadeira natureza permanece a mesma. É como o próprio espaço: vasto, indestrutível e pleno de potencial para que a vida se manifeste.

25
Despertar no bardo

Estes ensinamentos tratam de tornar nossa vida significativa e de transformar tudo que nos acontece no caminho para o despertar. O modo como respondemos às circunstâncias momentâneas e mutáveis da vida diária tem importância tanto agora quanto na hora da morte. Como dizia Trungpa Rinpoche: "A situação atual é importante. Esse é o ponto, o ponto principal".

Ver a vida como uma série de bardos é uma prática muito útil. O passado se foi, o futuro não chegou e não conseguimos capturar o momento entre eles – embora este seja tudo que existe. Aprendi que podemos desenvolver a habilidade de perceber os intervalos, as pausas, o espaço aberto entre duas situações. Então nos vem a sensação de estar numa vida que continuamente começa e acaba, o que pode se tornar uma prática contínua de consciência. O fim *disto* também é o começo *daquilo*. A ideia de renascimento não é puramente de nascimento e morte física. O renascimento ocorre a cada momento e podíamos começar a vê-lo assim.

Ao meditarmos, podemos observar o espaço entre os pensamentos. Podemos observar a brecha entre uma emoção e a próxima, o intervalo entre dormir e acordar, a sensação contínua de presença e ausência, de ir e vir. A abertura que ocorre quando deixamos uma xícara cair, quando recebemos más notícias ou temos um choque súbito.

Acordo de manhã e há um espaço entre o sono e ainda não estar totalmente acordada. Sento-me para meditar e é uma experiência nova. Em seguida acaba. Vou ao banheiro, me alivio, lavo o rosto com água fria e aquilo então acaba. Vou para a cozinha e uma nova vida se inicia: ferver a água, fazer o café da manhã, tomar os remédios. Aquilo acaba e estou sentada comendo.

Uma vida após outra, um fluxo constante de novos começos e términos. Certa vez, Trungpa Rinpoche descreveu sua experiência de ir a um posto de gasolina e pareceu a mais fascinante a ser vivida. Dirigir até lá e parar o carro. Intervalo. Desligar o motor. Intervalo. Baixar o vidro e dizer: "Complete". (Isso costumava acontecer – sério!) Intervalo. Aguardar. Intervalo. Depois finalmente ir embora – ir daquele bardo para o próximo, de uma experiência assombrosa para a próxima.

Na vida temos a escolha de viver à nossa maneira inconsciente usual – perdidos em nossos pensamentos, arrastados por nossas emoções – ou despertar e experimentar tudo com frescor, como se fosse pela primeira vez. Temos também a escolha de nos relacionarmos corajosamente com a ausência de chão inerente à nossa situação em vez de tentar evitá-la. É dito que essa ausência de chão que tudo permeia tem três aspectos: incerteza, vulnerabilidade e insegurança. Como nos relacionamos com esses sentimentos agora será como iremos nos relacionar com eles na morte.

Ao morrermos, a incerteza, a vulnerabilidade e a insegurança podem aumentar, e temos a escolha de nos agarrarmos desesperadamente ou de nos liberarmos no frescor que vem com a dissolução. Se nos soltarmos em vez de entrar em pânico – ou, se entrando em pânico, conseguirmos relaxar com isso – um espaço completamente aberto ficará disponível. Esse pode ser o momento do despertar completo e depende basicamente de nossa tranquilidade ou intranquilidade com a ausência de chão. Ao morrermos, vamos nos beneficiar até mesmo de um único momento de relaxamento.

No bardo do *dharmata*, a possibilidade de nos projetarmos para um mundo maior pode dar medo e, dependendo de como treinamos durante a vida, podemos ser atraídos pelo mundo atenuado e familiar do sofrimento ou escolher nos expandir e nos soltar numa visão maior. Mesmo se temerosos, podemos ficar com isso e permitir que sintamos medo. Se treinarmos durante a vida a ficar bem com qualquer sensação, ficaremos bem com o que estivermos sentindo nesse bardo.

Se chegarmos ao bardo do vir-a-ser, uma instrução-chave é: tente não correr, fique firme. Se entrarmos em pânico, podemos ficar com o pânico e resistir à tendência de fazer movimentos bruscos. Em todos os bardos de vida e morte, uma instrução-chave é: "Não se debata, não lute contra". Seja o que for que esteja acontecendo, fique ali – fique bem ali com o que está sentindo. Desacelere e preste atenção. Desenvolva a capacidade de repousar naqueles lugares desconfortáveis e pontiagudos de incerteza, vulnerabilidade e insegurança. Desenvolva a capacidade de fluir com a mudança contínua de bardo a bardo, de brecha a brecha.

Trungpa Rinpoche costumava nos encorajar a "ficarmos no lugar". É isso que mais irá nos ajudar – isso e olhar em volta, percebendo que há outros conosco e também estão em pânico, igualmente tentando fugir, igualmente precisando de conforto e amor. As emoções podem nos arrastar para reinos onde não queremos estar ou podem nos ligar pelo coração com todos os seres.

Nossa tarefa é nos abrirmos para nossa situação atual e ao mesmo tempo para a de nossos companheiros humanos. Nossa tarefa, na vida e na morte, é perceber que sempre temos uma escolha. Podemos adormecer na inconsciência, e ficar presos no ciclo repetitivo do *samsara*, ou podemos despertar. E isso, como diz Dzigar Kongtrul Rinpoche, "depende de você".

Conclusão

Ishi era o último de sua tribo. Os Yahi foram exterminados durante e após a Corrida do Ouro, nos EUA. Com alguns poucos familiares, Ishi havia escapado para a floresta e décadas mais tarde era o único Yahi restante. No início de uma manhã de 1911, ele apareceu, desorientado e quase nu, na cidade de Oroville no norte da Califórnia. Pouco tempo depois disso, o antropólogo Alfred Kroeber pegou um trem para Oroville e levou Ishi para Berkeley, onde era professor. Ele queria passar o maior tempo possível com Ishi para aprender tudo que pudesse a seu respeito. E tudo indicava que Ishi não se importou em acompanhá-lo.

Ishi era simpático e cordial, deixando as pessoas impressionadas com sua capacidade de adaptação. Ele ficava observando como as pessoas faziam as coisas, descobrindo como viver num mundo completamente diferente. Quando lhe deram um casaco e uma gravata para usar, ele ficou contente de vestir aquelas roupas estranhas. Mas ao lhe oferecerem sapatos, ele recusou educadamente. Queria sentir a terra.

Embora alguns contemporâneos achassem que Kroeber tirava vantagem de Ishi – e certamente dava para fazer essa interpretação – as evidências sugerem que eles se tornaram amigos muito próximos. Por fim, conseguiam se comunicar com palavras, mas quando Kroeber lhe perguntou seu nome, ele não quis dizer. Não tinha o costume de dizer seu nome a alguém de fora da tribo. Então Kroeber o chamava de "Ishi", que simplesmente quer dizer "homem" e Ishi aceitou.

Ao se conhecerem, quando Kroeber o levou à estação de trem, Ishi se escondeu atrás de uma coluna quando o trem chegou. Depois saiu dali e eles embarcaram juntos. Mais tarde, quando já conseguiam se falar, Kroeber perguntou-lhe por que ele havia se escondido. Ishi disse: "Nós víamos os trens lá da montanha com seu fogo e soltando fumaça e achávamos que eram monstros que comiam gente. Então sempre ficávamos longe". E Kroeber perguntou: "Como você arrumou coragem de entrar no trem?" E Ishi disse algo que sempre achei inspirador: "Estava mais curioso que com medo".

Uma das minhas principais intenções ao escrever este livro foi ajudar as pessoas a ficarem "mais curiosas que com medo", especialmente no que diz respeito à morte e ao morrer. Temer a morte é um fardo diário e, como tentei explicar, desnecessário. A morte faz parte da série contínua e infinita de bardos, o maravilhoso fluxo de nascimento e morte. Para sermos totalmente íntimos da vida, sinto que temos que ser totalmente íntimos da morte.

Ishi devia ser totalmente íntimo da morte para se comportar daquele modo. Não é de surpreender, visto que todas as pessoas que ele conhecia haviam morrido e há anos ele vivia à beira da fome. Nada lhe restara a perder. Mas se prestarmos atenção a como nascimento e morte ocorrem a cada instante, perceberemos que também não temos nada a perder. Assim, seremos capazes de viver destemidamente e com grande compaixão por todas as outras pessoas neste planeta que estão se debatendo, ansiosas e com medo. E nossa liberdade de coração e mente nos deixará mais disponíveis para ajudar os outros e mais eficientes em fazê-lo.

Como muitas tradições espirituais, o budismo se originou da universal necessidade humana de se relacionar com a morte. O futuro Buda passou o início da vida dentro dos muros do palácio de seu pai, abrigado de todos os sinais da mortalidade. Mas no dia em que se aventurou lá fora, ele viu um velho, um doente e um cadáver. Essas cenas o fizeram refletir sobre qual era o sentido da vida se ela simplesmente levava a esses resultados. Ele deixou os confortos do palácio para buscar um modo de tornar tanto a vida quanto a morte mais significativas. O que ele descobriu nessa busca e transmitiu através dos séculos e gerações é a sabedoria que fui tão afortunada de receber de meus professores. É uma pequena parte dessa sabedoria que tentei transmitir neste livro.

O que aqui apresentei sobre os bardos é uma fração minúscula do conhecimento que você pode encontrar em outros lugares. Para os interessados, incluí uma lista de leituras sugeridas no final do livro. Ao mesmo tempo, eu acredito que o fator mais importante ao nos preparamos para a morte é lembrar de que como vivemos é como morremos. Se aprendermos a abraçar a impermanência, a trabalhar com nossos *kleshas*, a reconhecer a natureza vasta-como-o-céu da nossa mente e a nos abrir com grande amplitude às experiências da vida, estaremos aprendendo tanto como viver quanto como morrer. Se desenvolvermos uma paixão por aprender sobre a natureza insubstancial, imprevisível, insondável do nosso mundo e da nossa mente, ficaremos capacitados a encarar a morte com mais curiosidade que medo.

Este precioso nascimento humano, tão livre e favorecido, abençoa-me para que eu alcance seu completo significado. A hora da morte é incerta. Abençoa-me para que eu não tenha arrependimentos.

— Prece para MACHIK LABDRÖN, por KARMA CHAGMÉ

APÊNDICE A

Uma história dos ensinamentos do bardo

A história tradicional de como os ensinamentos do bardo chegaram até nós é bastante extraordinária. No século VIII, o Rei Trisong Detsen do Tibete queria estabelecer o budismo firmemente em seu país. Praticante devoto do *Dharma*, ele achou que a melhor maneira de servir aos seus súditos era promovendo os ensinamentos do Buda, que eram bastante novos no Tibete, naquela época um lugar selvagem. O próprio povo não era muito manso e havia espíritos e demônios que criavam obstáculos para que o *Dharma* se enraizasse lá. O rei queria construir um magnífico templo budista, mas todas as noites os espíritos desfaziam a construção e jogavam toda a terra e as pedras de volta de onde tinham saído.

Então o rei ouviu falar em Guru Rinpoche, o poderoso mestre iluminado da Índia, que era capaz de domar o indomável. Guru Rinpoche foi até lá para pacificar os encrenqueiros e o Templo Samye, que existe até hoje, foi construído. Enquanto estava no Tibete, Guru Rinpoche desempenhou todo tipo de feito para ajudar a plantar raízes profundas do *Dharma*. Instruiu muitos discípulos, ajudando-os a atingir altos níveis de realização espiritual. Alguns de seus ensinamentos, conhecidos como *terma* (literalmente, "tesouros"), foram destinados às gerações futuras, que os encontrariam novamente quando mais precisassem. Yeshe Tsogyal, sua consorte e principal discípula, escreveu esses ensinamentos e os dois os esconderam por todo o Tibete. Guru Rinpoche capacitou seus 25 principais discípulos a revelar esses tesouros em vidas futuras. Consta que esses discípulos renasceram muitas vezes ao longo dos anos como *tertöns*, ou reveladores de tesouros. Chögyam Trungpa Rinpoche era conhecido como um *tertön* e uma de suas descobertas foi a *Sadhana do Mahamudra*, uma prática que muitos de seus alunos ainda fazem regularmente.

O *Bardo Tödrol* é parte de um *terma* descoberto no século XIV por Karma Lingpa nas colinas Gampo do Tibete central. (Gampo Abbey, o monastério na Nova Escócia onde ofereci alguns dos ensinamentos adaptados para este livro, ganhou esse nome em homenagem ao famoso mestre Gampopa, que construiu seu monastério nas colinas Gampo.) O *Bardo Tödrol* foi mantido em segredo por muito tempo após sua descoberta. Os mestres o transmitiam para um discípulo de cada vez. Finalmente, passou a ser ensinado mais abertamente e na década de 1920, um antropólogo norte-americano, Walter Evans-Wentz, organizou sua primeira publicação em inglês com o título impreciso, mas atraente de *O livro tibetano dos mortos*. Tornou-se extraordinariamente popular no Ocidente. Na década de 1960 os hippies, dos quais eu era uma, o aderiram com entusiasmo. Continua sendo um dos textos budistas mais difundidos sobre os bardos.

APÊNDICE B

Práticas

Meditação Sentada Básica

A técnica da meditação sentada básica chamada *shamatha-vipashyana* ("tranquilidade-insight") é como uma chave de ouro que nos ajuda a conhecer a nós mesmos. Na meditação de shamatha-vipashyana, nos sentamos com as costas eretas, pernas cruzadas, olhos abertos e as mãos repousando sobre as coxas. Depois simplesmente ficamos conscientes de nossa respiração quando o ar sai. Ficar com aquela respiração requer precisão, mas ao mesmo tempo é algo extremamente relaxado e suave. Dizer "Fique lá com a respiração enquanto expira" é o mesmo que dizer "Esteja totalmente presente". Fique bem ali com qualquer coisa que esteja acontecendo. Ficando conscientes da expiração, podemos também ficar conscientes de outras coisas que estejam acontecendo – os sons da rua, a luz nas paredes. Essas coisas podem capturar levemente nossa atenção, mas não precisam nos distrair. Podemos continuar lá sentados, conscientes do ar que sai.

Mas ficar com a respiração é apenas parte da técnica. A outra trata desses pensamentos que passam pela mente sem parar. Sentamos ali conversando com nós mesmos. A instrução é: ao perceber que estava pensando, rotule "pensando". Quando a mente se distrai, você diz a si mesmo: "Pensando". Sejam seus pensamentos violentos, apaixonados ou cheios de ignorância e negação; sejam eles preocupados ou temerosos; sejam pensamentos espirituais, pensamentos agradáveis sobre como você está indo bem, pensamentos reconfortantes, edificantes – seja o que forem, sem julgamento ou aspereza, simplesmente rotule tudo como "pensando" e faça isso com honestidade e gentileza.

O pouso na respiração é leve: apenas 25 por cento da consciência estão na respiração. Você não se agarra nem se fixa nela. Você está se abrindo, deixando que a respiração se misture ao espaço da sala, que simplesmente saia para o espaço. Então vem uma espécie de pausa, um intervalo até a próxima expiração. Enquanto inspira, pode surgir uma sensação de estar só se abrindo e aguardando. É como apertar a campainha e ficar ali até que venham atender. Depois você aperta a campainha de novo e espera mais uma vez. Então é provável que sua mente se distraia e você perceba que está pensando outra vez – nesse ponto use a técnica de rotular.

A fidelidade à técnica é importante. Se notar que seu rotular tem um tom duro, negativo, como se você estivesse dizendo "Droga!", se notar que está dificultando as coisas para si mesmo, diga "pensando" novamente e alivie a situação. A intenção não é abater os pensamentos como se fossem alvos flutuantes para tiro. Ao contrário, seja gentil. Use a parte da rotulação dessa técnica como oportunidade de desenvolver suavidade e compaixão para consigo mesmo. Qualquer coisa que aflore é aceitável na arena da meditação. Ali você pode vê-la com honestidade e fazer amizade com ela.

Embora seja constrangedor e doloroso, parar de se esconder de si mesmo é muito curativo. Faz bem conhecer todas suas formas de dissimulação, seus modos de ocultar, criticar as pessoas; todas as maneiras de se desligar, negar, isolar-se, todos os seus jeitinhos esquisitos. Você pode passar a conhecer tudo isso com senso de humor e bondade. Conhecendo a si mesmo, você está conhecendo toda a humanidade. Somos todos confrontados por essas coisas. Estamos todos juntos nisso. Ao meditar, quando perceber que está conversando consigo, rotule "pensando" e note o tom de sua voz interna. Deixe que seja compassivo, suave e bem-humorado. Assim, você estará mudando velhos padrões emperrados, compartilhados por toda a raça humana. A compaixão pelos outros começa com a bondade para conosco mesmo.

O período de tempo em que fica sentado depende de você. Pode ser tão curto quanto dez minutos ou tão longo quanto lhe aprouver. Esta prática é para o bardo desta vida e para o bardo do morrer, além de também ser muito útil para todos os outros bardos.

Meditação com a Consciência Aberta:
Uma Prática Guiada por
Yongey Mingyur Rinpoche

A não meditação é a melhor meditação. Na verdadeira meditação, você não tem que meditar. Simplesmente deixe sua mente repousar assim como ela está. Seja qual for seu estado mental, calmo ou agitado, com ou sem pensamentos, não importa. O pano de fundo disso tudo é a consciência, certo? Então apenas fique com a consciência, deixando tudo como está. Troque a atitude de fazer pela atitude de ser ou de estar. Quando pensamentos ou emoções de qualquer tipo surgirem, aceite-os, permita-os e apenas repouse. Desde que você não fique inconsciente ou completamente perdido, está tudo bem.

Então nós vamos fazer esta prática da consciência aberta, que também pode ser chamada de "meditação da presença aberta". Às vezes a chamamos de "meditação sem objeto". Existem alguns diferentes nomes. Alguns textos tradicionais se referem a essa instrução como "meditação sem suporte".

Por favor, sente-se em sua posição de meditação. Primeiro, vamos praticar com uma expiração gentil. Inspire e expire naturalmente. No final da expiração, há uma pausa natural. Simplesmente repouse na consciência aberta durante essa pausa. Quando sentir necessidade, inspire mais uma vez. Relaxe enquanto o ar entra e sai. Respire naturalmente, simplesmente repousando na consciência durante a pausa ao final de cada expiração. Veja se você percebe que essas pausas naturalmente se prolongam um pouco. Mantenha a postura de meditação. Não force coisa alguma. Inspire, expire e repouse na pausa.

Então, como foi? Agora vamos experimentar sem pausar a respiração, de modo completamente natural. Você não precisa fazer nada com a respiração. Deixe a mente simplesmente repousar. Apenas fique com um senso de presença.

Ao repousar desse jeito, você não está perdido. Há consciência, mas a consciência não tem um objeto em particular. Você está simplesmente relaxando. Algumas pessoas podem descobrir um senso de presença, de ser, de estar. Algo está lá. Não dá para descrever direito, mas você não está perdido. Não está meditando, mas também não está perdido. Certo? Isso é tudo.

Tonglen

A prática de *tonglen*, também conhecida como "tomar e enviar", reverte a nossa lógica usual de evitar o sofrimento e buscar o prazer. Na prática de *tonglen*, visualizamos que estamos tomando a dor dos outros com cada inspiração e na expiração enviamos qualquer coisa que irá beneficiá-los. No processo, nos libertamos de antigos padrões de egoísmo. Começamos a sentir amor, tanto por nós mesmos quanto pelos outros; passamos a cuidar de nós mesmos e dos outros.

Tonglen desperta nossa compaixão e nos apresenta uma visão muito mais ampla da realidade, nos introduzindo à ilimitada e vasta espaciosidade de *shunyata* (vacuidade). Ao fazer essa prática, começamos a nos conectar com a dimensão aberta de nosso ser.

Tonglen pode ser feito para aqueles que estão doentes, aqueles que estão morrendo, já morreram, e para quem está sofrendo qualquer tipo de dor. Pode ser praticada como uma meditação formal ou a qualquer momento, ali mesmo onde estivermos. Se estamos caminhando e vemos alguém em sofrimento, inspiramos a dor daquela pessoa e lhe enviamos alívio.

Ao ver alguém sofrendo, geralmente desviamos o olhar. A dor dos outros traz à tona nosso medo ou raiva, ativa nossa resistência e confusão. Portanto, também podemos fazer *tonglen* por todas as pessoas que, assim como nós, desejam ser compassivas, mas têm medo, que desejam ser corajosas, mas são covardes. Em vez de nos punirmos, podemos usar nossos próprios entraves como uma ponte para compreender o que as outras pessoas estão enfrentando pelo mundo afora. Inspire por todos nós e expire por todos nós. Use o que parece veneno como remédio. Podemos usar nosso sofrimento pessoal como caminho para a compaixão por todos os seres.

Quando você faz *tonglen* como uma meditação formal, há quatro estágios:

1. Tenha um lampejo da bodhicitta
Repouse a mente, por alguns segundos, em um estado de abertura ou quietude. Este estágio é tradicionalmente chamado de "lampejo da *bodhicitta* absoluta", "coração-mente desperto" ou "abrir-se para a espaciosidade e a clareza básicas".

2. Inicie a visualização
Trabalhe com a textura. Inspire sensações de calor, escuridão e peso – um senso de claustrofobia – e expire sensações de arejamento, brilho e leveza – um senso de frescor. Inspire completamente, tomando a energia negativa por todos os poros do seu corpo. Ao expirar, irradie a energia positiva completamente, por todos os poros do corpo. Faça isso até que a sua visualização esteja sincronizada com suas inspirações e expirações.

3. Foque numa situação pessoal
Traga à mente uma situação dolorosa que lhe seja real. Tradicionalmente, começa-se a fazer *tonglen* por alguém

que se ama e a quem se quer ajudar. Mas, se você estiver travado, pratique pela dor que você mesmo está sentindo e simultaneamente por todos que estejam passando pelo mesmo tipo de sofrimento. Caso se sinta inadequado, por exemplo, inspire esse sentimento por você mesmo e todos os demais que estão no mesmo barco e envie confiança, adequação e alívio da forma que desejar.

4. Expanda sua compaixão
Finalmente, amplie o tomar e o enviar. Se está praticando *tonglen* por alguém que você ama, estenda a prática a todos que estão na mesma situação. Se está fazendo *tonglen* para alguém que você vê na televisão ou na rua, pratique por todos aqueles que estejam no mesmo barco. Torne o foco mais abrangente do que apenas uma pessoa. Você pode praticar *tonglen* por pessoas que considera inimigas, por aqueles que o magoam ou magoam os demais. Faça *tonglen* por elas, pensando que elas têm as mesmas confusões e os mesmos entraves que você e seus amigos. Inspire a dor delas e lhes envie alívio.

O *tonglen* pode se estender infinitamente. À medida que você pratica, sua compaixão se expande naturalmente com o tempo, assim como sua percepção de que as coisas não são tão sólidas quanto você pensava, o que já é um vislumbre da vacuidade. Conforme pratica, gradualmente e no seu ritmo, você ficará surpreso ao perceber-se cada vez mais capaz de apoiar os outros, mesmo em situações que pareciam impossíveis.

APÊNDICE C

Tabelas

Estágios de Dissolução

Estágio 1	Terra em água
	Sensação de peso e sobrecarga A visão se vai Sinal secreto: miragem tremeluzente
Estágio 2	Água em fogo
	Sensação de sede; descontrole dos fluídos corporais A audição se vai Sinal secreto: fumaça
Estágio 3	Fogo em ar
	Sensação de frio; impossibilidade de se aquecer O olfato se vai Sinal secreto: vaga-lumes, faíscas de luz
Estágio 4	Ar em consciência
	Dificuldade de respirar; inspiração curta, expiração longa O paladar se vai Sinal secreto: imagem de lamparina ou tocha
Estágio 5	Consciência em espaço
	A respiração externa cessa O tato se vai Sinal secreto: a imagem de lamparina continua

Depois	Dissolução interna O corpo está morto A inspiração interna cessa no terceiro estágio (abaixo) A consciência morre em três estágios (sutil, mais sutil, muito sutil) 1. Aparecimento (ou Aparência): Branca. Como um céu limpo e permeado pela luz da lua. A raiva se dissolve. 2. Aumento (ou Crescimento): Vermelho. Tudo aparece em vermelho. Paixão e apego se dissolvem. 3. Consecução (ou Obtenção): Preto. Ou "apagamos" ou reconhecemos a verdadeira natureza da mente (encontro de luminosidade-filha e luminosidade-mãe). Ao final da dissolução interna, a consciência deixa o corpo.

As Cinco Famílias Búdicas

Símbolo	VAJRA	RATNA
Elemento	Água	Terra
Cor[9]	Branco	Amarelo
Direção	Leste	Sul
Estação	Inverno	Outono
Aspecto de sabedoria	Sabedoria do espelho aguçado, preciso, claro, perceptivo, *prajna* (consciência que discerne), indestrutibilidade, intelectual	Sabedoria da equanimidade riqueza, abundante, generoso, estende a si mesmo, magnético, faz você se sentir em casa
Aspecto de neurose[10]	Agressividade fixação intelectual, frio, crítico, cortante	Orgulho ostenta, expande-se desnecessariamente, nunca é suficiente, exagera

---

9 Existem diferentes tradições no que se refere a cores e outros atributos associados às famílias búdicas.

10 O aspecto neurótico pode ser transmutado para seu aspecto de sabedoria (ou iluminado).

PADMA	KARMA	BUDDHA
Fogo	Ar	Espaço
Vermelho	Verde	Azul
Oeste	Norte	Centro da Mandala
Verão	Primavera	———
Sabedoria do discernimento compassivo, hospitalidade, abertura, curiosidade, conciliador	Sabedoria que tudo realiza as ações cumprem seus propósitos facilmente	Sabedoria do *dharmadhatu* espaçoso, estável, sábio, contemplativo, fundamento do espaço básico
Apego seduz e encanta pelo bem de seu ego, sorriso falso, quer que todos gostem dele	Inveja altamente irritável, crítico, muito eficiente, veloz, quer criar um mundo uniforme e organizado	Ignorância desligado, preguiçoso, não está nem aí, deprimido, faz o que exige o menor esforço, embotado

Os Seis Reinos do Samsara

Os seis reinos do *samsara* representados acima são, em sentido horário a partir do topo: o reino dos deuses, o reino dos deuses invejosos, o reino dos fantasmas famintos, o reino dos infernos, o reino dos animais e o reino humano. O pássaro, a cobra e o porco no centro da roda representam os três principais *kleshas* do apego, da agressividade e da ignorância. Essas emoções dão origem aos estados mentais e às ações que criam a nossa experiência no *samsara*. No anel do meio, entre os seis reinos (do lado externo) e a representação dos três principais *kleshas* (no centro), a metade esquerda do anel representa as ações positivas que levam ao nascimento nos reinos superiores e a metade direita representa as ações negativas que levam ao nascimento nos reinos inferiores.

Sugestões de leituras complementares

Anam Thubten. *A sacred compass*. Point Richmond, CA: Dharmata Foundation, 2020

Anyen Rinpoche. *Dying with confidence: a tibetan buddhist guide to preparing for death*. Boston: Wisdom Publications, 2014.

Chögyam Trungpa. *Journey without goal: the tantric wisdom of the Buddha*. Boston: Shambhala Publications, 2010. First edition 1981.

Chögyam Trungpa. *Transcending madness: the experience of the six bardos*. Boston: Shambhala Publications, 1999. First edition 1992.

Chögyam Trungpa e Francesca Fremantle. *The tibetan book of the dead: the great liberation through hearing in the bardo*. Boulder: Shambhala Publications, 2019. First edition 1975.

Dzogchen Ponlop. *Resgate emocional*. Teresópolis, RJ: Lúcida Letra, 2018.

Dzogchen Ponlop. *Mind beyond death*. Ithaca, NY: Snow Lion Publications, 2008.

Dzongsar Jamyang Khyentse. *Viver é morrer: como se preparar para o morrer, a morte e além*. Siddhartha's Intent Brasil, 2020. *E-book*. Disponível em: https://siddharthasintent.org

Fremantle, Francesca. *Vazio luminoso*. Rio de Janeiro, RJ: Nova Era, 2005.

Holecek, Andrew. *Preparing to die*. Boston: Snow Lion, 2013.

McLeod, Ken. *Reflections on Silver River: Tokmé Zongpo's Thirty-Seven Practices of a Bodhisattva*. Los Angeles: Unfettered Mind Media, 2013.

McLeod, Ken. *Wake up to your life: discovering the buddhist path of attention*. San Francisco: Harper San Francisco, 2002.

Saunders, George. *Lincoln no limbo: um romance*. São Paulo, SP: Companhia das Letras, 2018.

Sogyal Rinpoche. *O livro tibetano do viver e do morrer*. São Paulo, SP: Palas Athena, 1999.

Tulku Thondup. *Peaceful death, joyful rebirth*. Boston: Shambhala Publications, 2007.

Yongey Mingyur Rinpoche e Helen Tworkov. *Apaixonado pelo mundo: a jornada de um monge pelos bardos do viver e do morrer*. Teresópolis, RJ: Lúcida Letra, 2019.

Agradecimentos

Quero começar agradecendo meus amados professores, sem os quais eu não faria ideia do que significam esses ensinamentos sobre os bardos. Em seguida, quero agradecer a Yongey Mingyur Rinpoche por seu poderoso exemplo e por me dar permissão para usar sua meditação da consciência aberta. Erik Pema Kunsang e Francesca Fremantle esclareceram alguns dos aspectos mais difíceis dos ensinamentos do bardo. Helen Tworkov respondeu a dúvidas sobre a história de Mingyur Rinpoche. Sarah Stanton da Shambala Publications deu muitas sugestões valiosas para ajudar este livro a se conectar com seu público; Nikko Odiseos e Ivan Bercholz da Shambhala colaboraram com uma liderança e apoio valiosos. Barbara Abrams, uma das minhas leitoras mais fiéis, leu uma versão inicial do manuscrito e deu um retorno deveras perspicaz. Finalmente, eu gostaria de fazer um agradecimento especial ao meu amigo e irmão no *Dharma* Joseph Waxman, por coletar as transcrições das minhas palestras e realizar o trabalho heroico de transformá-las neste livro. Sempre é um grande prazer trabalhar com meu amigo do coração Joey Waxman.

Índice remissivo

A

abertura
  à morte, 15–17
  à realidade, 25
  às emoções dolorosas, 29–30, 91
  às situações difíceis, 159
  ao momento presente, 205–06
  e concretude, 147
  inclinar a sua, 13–14
  mundo sagrado e, 136
  professores espirituais e, 171
  reconectar-se com a, 68
  sabedoria e, 112
afeto caloroso, dois tipos de, 169, 172
agora, 61, 171
agressividade/raiva, 82, 67, 148
  aspectos neurótico e desperto da, 112, 116–118
  do reino dos infernos, 177
  dos outros, se conectar com a, 100, 101
  família Vajra e, 120–123, 224
  fluxo e refluxo da, 148
  insubstancialidade da, 110
  interromper a, 157
  símbolo de, 224
  surgimento da, 99
Akshobhya, 120, 121, 130
Amitabha, 120, 132, 161, 191, 197
Amoghasiddhi, 120, 131, 143
amor, 11, 17, 53, 159, 162, 194, 200
analogias e exemplos,
  abelha presa no pote, 173, 174, 182
  apaixonar-se, 22–23
  árvores, 71
  belos monstros, 82
  camundongo, 72
  céu e nuvens, 45–47
  culinária étnica, 125
  ervas daninhas, 84
  filha reconhecendo sua mãe, 58, 64
  gelo e água, 110, 117–119, 122
  matar o mensageiro, 88
  ourives examinando o ouro, 11, 12
  ouro enterrado debaixo da casa de uma pessoa pobre, 59
  sol e raios, 68
  sonhos e ilusões de mágica, 70
  vaso, 58
Anam Thubten Rinpoche, 28–29, 38, 68, 87, 111, 227
animais, reino dos, 99, 176–77, 186
Apaixonado pelo mundo (Mingyur Rinpoche), 49, 54
apegos, 41, 152–153, 194, 197–98
apego/desejo/ganância, 86, 131
  aspectos neurótico e desperto do, 117
  como um klesha dominante, 132
  comum e consciente, distinção entre, 112
  do reino humano, 178
  dos outros, conectando-se com o, 101, 102
  família Padma e, 120, 225
  insubstancialidade do, 110

símbolo do, 226
surgimento do, 99
apreciação, 15, 69, 137, 138, 141, 191, 201
aprisionamento, estilos de, 174, 182, 185. *Ver também* seis reinos do samsara
aspiração, 16–17, 163, 187, 190–191
ausência de chão/insubstancialidade
  como inevitável, 139–40
  como uma oportunidade, 38
  do espaço aberto, 136
  experiência do autor com a, 36
  habituando-se à, 39–40, 47, 64
  morte como, 35
  no bardo do vir–a–ser, 158
  reconhecida em vislumbres nos intervalos, 46
  resistência à, 31
  sofrimento que tudo permeia e, 23
  três aspectos da, 204
autoaceitação, 103
autocrítica, 84
autointeresse, 11
autorreflexão, 40, 84
Avalokiteshvara, 165, 172
avareza/mesquinhez, 176

B

bardos
  a vida como uma série de, 203–04
  contínuos, 28–29, 58
  despertar nos, oportunidades principais para, 148–49
  duas alternativas básicas nos, 89
  estado mental nos, 78
  influências da cultura e das crenças nos, 132
  o que atravessa os, 65, 67, 70, 74, 77–78
  pensando nos outros durante os, 170
  progressão através dos, 146–47
  significados dos, leque de, 11, 12–13
bardo desta vida, 11, 77, 147
  e o bardo do dharmata, comparação entre o, 128–30
  emoções no, 127
  meditação para o, 217
  prática do Dharma no, 93
bardo do dharmata, 11, 65, 128, 152, 205
  aparências no, 129–30, 133, 137, 146
  despertar no, 130, 134, 145, 148–49, 191, 196
  duração do, 132–33
  preparando–se para, 131–32, 134, 146
bardo do vir–a–ser, 11, 131, 137, 143, 149
  ajudando os outros a atravessar o, 195, 196, 197, 199
  chamando por apoio no, 163, 172
  duração do, 151
  experiências do, 151–52, 153, 154
  mantendo–se firme no, 205
  pensamentos positivos no, 156–57, 159–60
  preparando–se para o, 155–56, 159–60, 166–67
  renascimento em um reino puro a partir do, 159–60
  sendo onírico, 145–46, 149, 163, 166, 184–85
  Ver também seis reinos do samsara
bardo, ensinamentos do
  como fonte de sabedoria, 12

contemplação da impermanência
e, 19
mensagem fundamental dos, 35
quando estiver morrendo, 33–34
sobre a dissolução, 46–47
uma história dos, 213–14
Bardo Tödrol. Veja *Livro tibetano dos mortos*
base fundamental, 69, 100, 110, 129
beneficiar os outros, 125, 158, 170, 172, 209
   aspirações para o renascimento e, 167, 190
   depois de morrerem, 198–99
   reinos puros e, 162
   tonglen para, 221
   voto de bodhisattva e, 161–62
Bodhgaya, 49
bodhicitta, 18, 108, 169–70, 220
bodhisattva, voto de, 161
bondade, 40, 81–83, 91, 138, 169–70, 217
bondade amorosa, 138
bondade básica, 57, 120, 136–37, 141
Buda, 59, 93, 159
   exemplos da vida do, 209
   sobre a impermanência, 19, 20
   sobre as duas verdades, 75
   sobre experiência em primeira pessoa, 11
   sobre o caminho do meio, 141
   sobre o despertar, 174
   sobre o potencial de despertar, 145
   sobre os kleshas, 94
   vida anterior do, 166–67
Buddha, família, 120, 123, 124, 225
búdicas, famílias
   "jogo das qualidades", 123–24
   na preparação para o bardo, 131–21
   no bardo do dharmata, 130, 132, 133, 137
   pares de sabedoria–neurose e, 119–21
   pessoais, importância de conhecer as, 119, 120, 121, 125, 143
   tabela de correspondências, 224–25
búdica, natureza, 121

C

caos, teoria do 17
caminho do meio, 141–42
Chimé Rinpoche, 199
cinco elementos
   aparências no bardo dos, 155, 166
   cinco famílias búdicas e, 224–25
   dissolução dos, 42–44, 47, 53, 54, 55, 223–24
   visão tibetana dos, 41–42
compassivo, repouso, 105–06
condicionados, dharmas, 27
confiança, 31, 57, 106–07, 109, 221
conforto, mentalidade de/zona de, 131, 138–39, 140, 141, 175, 187
   atmosfera de, 17
   compaixão, 57, 159, 208–09
   no reino dos deuses, 188
   poder da, 166–67
   por si mesmo, 216, 217
   tonglen para desenvolver, 219–20, 221
   voto de bodhisattva e, 166
   Ver também bodhicitta
confusão, 99, 100, 110, 111, 115–16, 190
consciência
   contínua, 203
   dos seis reinos, 181–82
   emoções e, 88–9
   experimentar a, 47

no bardo do vir–a–ser, 151–52, 157, 163
Ver também consciência aberta
consciência aberta, 60–61
  devoção e, 171
  meditação com a, 217–18
  prática da, 107
  reconhecer a, treinamento para, 63–64
  repouso na, 134
  nas transições, 58–59
consciência sutil, 196
  as duas verdades e, 94
  dissolução da, 42–44, 57, 223
  dualística/dualista (namshé), 65–67
  fluxo de, 68–69 (ver também fluxo mental)
  imediatamente após a morte, 193–94
  saindo do corpo, 128
  visões sobre, 19
contenção, 94–96, 111, 182
Cor–de–Cobre, Montanha (reino puro), 161
coração aberto, 30–31, 170
coronavírus, pandemia de, 20
corpo
  mental, 146, 147, 152
  mudança contínua no, 66
  na hora da morte, 41–43, 46, 59
  sensações dos kleshas no, 91, 113
cósmico, espelho, 100, 101, 110, 128
Cremação, Estupa de, 52
culpa, 87–88, 94–95, 181–82
curiosidade, 62–63, 103
  e medo, equilíbrio entre, 208, 209
  mundo sagrado e, 137
  sobre os pensamentos, 62
  sobre os sentimentos dolorosos, 30, 91

D

deidades, pacíficas e iradas, 12, 130, 145–46
despertar, 18, 166
  aspiração de, 189
  como uma escolha, 206
  emoções como um caminho direto para o, 94, 109–12, 115
  na hora da morte, 46, 128, 143, 145, 203 (*ver também* luminosidade–mãe)
  no bardo do dharmata, 130, 134, 145, 148–49, 191, 196
  no reino humano, 188–89
  potencial de, 145
  visão Vajrayana do, 135
  Ver também iluminação
destemor, 28, 47, 55, 109, 159, 208–09
devoção, 169, 171–73
deuses, reino dos, 179–80, 188
deuses invejosos, reino dos, 179–80, 188–89
Dharma
  no reino humano, 188
  sentidos de praticar o, 93
dharmadhatu, sabedoria do, 120, 124, 130, 225
dharmakaya, 148
Dilgo Khyentse Rinpoche, 124, 161
discernimento, sabedoria do, 117, 120, 131, 225
dissolução, 49, 57, 59, 146
  estágios da, 223–24
  final, 128, 196
  interna, três estágios da, 43–44, 53, 223
duas verdades
  morte e, 200–01

relação entre as, 73–75 *Ver também* verdade absoluta; verdade relativa
Dzigar Kongtrul Rinpoche, 14, 18, 41, 86, 124–25, 130–31, 174, 194, 206
Dzogchen Ponlop Rinpoche, 95, 171

E

Edgar Mitchell, 73
ego, 44, 92, 111, 116–19
ego, fixação/apego ao, 85–86, 116
ego, ausência de, 44, 92, 116, 117, 118, 119, 129, 147
elementos. *Ver* cinco elementos
emoções, trabalhando com as, 85, 88, 110, 182, 209
    Ver também kleshas (emoções destrutivas)
empatia, 40, 102, 103, 190
equanimidade, 85. *Ver também* sabedoria da equanimidade
esperança e medo, 21, 25, 133
eu, senso de
    no bardo do vir-a-ser, 152
    no bardo do dharmata, 129
    como permanente, mal entendido, 67–68
externo, ambiente
    estados psicológicos e, 183–85
    tendências habituais e, 152

F

fantasmas famintos, reino dos, 174, 176, 177
felicidade, 22, 87, 107

G

Gampo Abbey, 30, 41, 122–23, 214
Gampopa, 214
Gandhi, Mohandas, 163
Garuda (revista), 115
Guenther, Herbert, 137
Guru Rinpoche. *Ver* Padmasambhava (Guru Rinpoche)

H

hábitos/padrões habituais, 77, 134
    como aparências no bardo, 131–32
    de conforto, 138
    de pensamento, 60, 61
    dolorosos, fortalecer, 88, 152–53
    duas alternativas básicas com, 89
    escolha diante dos, 186
    libertar-se dos, 141
    na hora da morte, 42
    no bardo do vir-a-ser, 152, 154–55
    no mundo sagrado, 137
    positivos, cultivar, 163–64
    purificação dos, 96–97
    tonglen para, 107
Hanh, Thich Nhat, 25
hospice/cuidados paliativos, 42, 194–95
humano, reino, 178–79, 185, 189–91

I

ignorância (klesha), 86–87, 130
    aspectos neurótico e desperto da, 118

como proeminente, trabalhando
    com a, 102
do reino animal, 176-77
família Buddha e, 120, 225
símbolo da, 226
surgimento da, 120
ignorância/inconsciência coemergente, 68-69, 109, 110, 111
iluminação, 47, 49, 120, 122, 128, 149. *Ver também* despertar
impermanência
    abraçar a, 30, 209
    bardos e, 28-29
    contemplação da, 19
    dos dharmas condicionados, 27
    dos kleshas, 88
    lembretes súbitos da, 141
    morte e, 34, 200
    sofrimento da mudança e, 22
    sofrimento que tudo permeia e, 25
infernos, reino dos, 175-76, 177, 181-82
interconexão, 17, 159-60
intervalo/brecha/pausa/vão, 13, 146, 147, 182
    consciência aberta nos, 59-60
    conscientes, atenção ao, 95, 96, 100
    experiências do autor com os, 62-63
    familiaridade com os, 45
    na meditação, 216
    notando os, 203-04
    perpétuos, 29
    repousando nos, 30
inveja/competição, 130
    aspectos neurótico e desperto da, 117, 118
    família Karma e, 120, 225
    insubstancialidade/ausência de chão da, 110
    repouso compassivo e, 105-06
Ishi (Yahi tribe), 207-08

J

Jarvis Masters, 175-76
Jataka, Contos, 166
Journey without goal (Trungpa), 122

K

karma
    extinguir o, 96
    marcas do, 79
    no bardo do vir–a–ser, 151-52, 185-86
    purificar o, 95-96
    reinos puros e, 160
    ser puxado pelo, 152
Karma Chagmé, 211
Karma, família, 120, 122, 225
Karma Lingpa, 214
Karmapas. *Ver* Ogyen Trinley Dorje, Sua Santidade o XVII Karmapa; Rangjung Rigpe Dorje, Sua Santidade o XVI Karmapa
Ken McLeod, 66-67, 78, 97
Khandro Lhamo, 161
kleshas (emoções destrutivas), 209-10
    como causa do sofrimento, 93-94
    dominantes, 120, 182
    sentir, permitir os, 90-92, 111
    primários, cinco, 116 (*ver também* individual klesha)
    ciclo de vida dos, 88-89
    comuns e conscientes, distinção entre os, 111-12
    nos seis reinos, 174
    três métodos para trabalhar com os, 94, 182
    transformação dos, 94, 99, 100-101
    Ver também três venenos

Kroeber, Alfred, 207
Kushinagar, 51
Kwan Yin, 165, 172

L

Livro tibetano dos mortos, 12, 13, 28, 42, 47, 128, 130–31, 133, 135, 151, 154, 163, 190, 195, 196, 214
luminosidade, 58, 59–60. *Ver também* luminosidade–filha; luminosidade–mãe
luminosidade da base. *Ver* luminosidade–mãe
luminosidade–filha, 57–58, 128, 191, 196, 224
luminosidade–mãe, 57–58, 65, 128, 146, 149, 191, 197, 224
luto/pesar, 200–01

M

Machik Labdrön, 211
Madre Teresa, 194
Mahayana (tradição), 17, 161–62
mantra Mani, 165, 172
medicina ocidental, 43
meditação, 59–60
    intervalos/brechas na, 203
    momentaneidade na, 148
    pensamento na, 164
    pensamentos negativos na, interromper, 157
    propósitos da, 46, 69, 90
    Ver também instruções de prática
medo, 14, 15, 38–40, 51, 108, 170, 208
memórias/lembranças, 28–29, 91
mental, fluxo, 69–70, 78–79
mente, 17
    da clara–luz da morte, 44
    desacelerar a, 59–61
    desperta, 44
    em repouso, 217–18
    estado de, 78, 90
    exibição da, 68
    familiarizando–se com, 152–53
    na hora da morte, 53
    renascimento e, 77
    semelhante ao céu, 44, 46, 54, 57, 60, 61, 127, 129, 209
    Ver também natureza da mente
mentir, transformando o hábito de, 103
Milarepa, 50
Mingyur Rinpoche, 217
    infância, 49
    experiência de quase–morte de, 52–54
    retiro itinerante de, 49–52
momento presente, 31, 59, 203, 205–06
monge budista que se prostrava, história do, 159–60
morte
    como inevitável, 140
    coração aberto na, 170
    estado mental na hora da, 78, 80
    maneiras de se relacionar com, 15–16
    pacífica/tranquila, garantindo uma, 198
    preparando–se para a, 35, 153–54, 198, 209
    processo da, 47, 53, 127
    propensões na hora da, 83
    tonglen na hora da, 107, 219
    último pensamento antes da, 164–66
    visão médica ocidental da, 43

N

não meditação, 217-18
nascimento, 16, 44, 147, 208. *Ver também* renascimento
natural, coreografia, 39
natureza da mente, 47, 53, 127, 171-72
neurociência, 79
nirmanakaya, 148, 149

O

Ogyen Trinley Dorje, Sua Santidade o XVII Karmapa, 191
orgulho, 130-31
   aspectos neurótico e desperto do, 120
   do reino dos deuses, 180
   família Ratna e, 120, 224

P

Padma, família, 120, 123-24, 125, 225
Padmasambhava (Guru Rinpoche), 75
paciência, 95-96, 110, 111
pensamentos
   no bardo do vir-a-ser, 156, 157
   curiosidade em relação aos, 61
   kleshas e, 100
   meditação e, 69
   como obscurecimentos à clareza, 44, 59
   positivos, poder dos, 156-57, 164-67
   propensões e, 83
   na meditação sentada, 215-16
   na hora da morte, 43, 164-66
permanência, 20, 25, 67-68
pobreza/mesquinhez, mentalidade de, 61-62, 176, 182
prática, instruções de
   contemplação da vigília como sendo um sonho, 184-85
   meditação da consciência aberta, 217-18
   meditação sentada, 215-17
   para o morrer, 41, 194
   prática da pausa, 60, 61
   preces de aspiração para o renascimento, 190, 211
   sobre impermanência, 27
   tonglen, 219-21
professores espirituais, 136, 171, 172
projeções, 131, 133-34, 138, 174
propensões, 103, 104, 131
   a se incomodar, 84, 86, 131
   aceitar as, 103
   ao trabalhar com os outros, 103
   como "belos monstros", 86
   como causas do sofrimento, 93-94
   como situações externas, 81
   desenvolvimento de, 79
   fazer amizade com, 82-84
   gatilhos e, 81-82, 83
   kleshas e, 103
   no mundo sagrado, 131
   reconhecer as, 86
   renascimento e, 77, 186, 189
   repouso compassivo e, 103-04

Q

Quando tudo se desfaz, 155

R

Rangjung Rigpe Dorje, Sua Santidade o XVI Karmapa, 78, 80, 124
Ratna, família, 120, 123, 124–25, 224
Ratnasambhava, 120
realidade
    como projeção, 183–85
    confiança na, 24, 31
    consensual, 71–72 (*ver também* verdade relativa)
    definição de, 24–25
    dois aspectos da, 148
    natureza última da, 57
    resistência a, 25
realidade virtual, 35
reinos puros/terras puras, 149, 161
renascimento, 35
    a cada momento, 203
    escolher o, 185–88, 200
    favorável, 167, 201
    visões sobre, 65, 66–67, 70
    Ver também seis reinos do samsara
Reflections on Silver River (McLeod), 97
relaxamento, 60–61
    com a verdade absoluta, 72–73
    com a vida e a morte, 16–17
    com os kleshas, 92, 95–96, 105, 117, 121, 125, 130–31
    na hora da morte, 33–34, 40, 47, 193, 205
    na meditação, 59, 215
    na vida cotidiana, 138, 139, 140, 143
    no bardo do dharmata, 130, 131
    sabedoria e, 113
Resgate emocional (Ponlop), 95
resistência, 16, 22, 23, 25, 31, 34, 59

S

sabedoria, 57–58
    coemergente, 68, 109, 110, 112–13, 118–19
    exibição de, 137
    cinco tipos principais, 116–17, 224–25
    na energia dos kleshas, 92, 94, 109, 110, 111–12, 131–32, 224–25
    Ver também sabedoria que tudo realiza; sabedoria do dharmadhatu; sabedoria do discernimento; sabedoria do espelho; sabedoria da equanimidade
sabedoria da equanimidade, 117–18, 119, 124, 130, 225
sabedoria do espelho, 117, 120–21, 124, 125, 170, 224
sabedoria que tudo realiza, 118, 119, 120, 131, 225
Sadhana do Mahamudra (Trungpa), 214
sagrado, mundo, 136–37, 138, 171
Salzberg, Sharon, 88
sambhogakaya, 148, 149
samsara, 131
    ciclo do, 173, 206
    liberação do, 13, 174
    renascimento no, 132, 187
    Ver também seis reinos do samsara
Samye, Templo, 213
sanidade, estilos de, 120–21
seis reinos do samsara, 131
    como temporários, 181–82
    duas abordagens para, 173–74, 183–85
    reinos inferiores, 177
    símbolos dos, 226
    Ver também reinos individuais

semelhança/igualdade com os outros, 103, 105, 106
sensorial, percepção, 43, 46
sentidos, cinco consciências dos, 146
separação/separatividade, 68–69, 100
seres comuns
 budas e, 119–20
 praticantes avançados e, 125
Shechen Gyaltsap, 93
slogans/aforismos/lemas/máximas do treinamento da mente
 atribua todas as culpas a um só, 85–86
 três objetos, três venenos, três sementes de virtude, 99–101
sofrimento
 da mudança, 21–22
 do reino dos deuses, 180–81
 do reino dos deuses invejosos, 180–81
 do reino humano, 178–79
 dos reinos inferiores, 178
 dos outros, 100–03, 167, 190
 que tudo permeia, 22–24, 35
sojong, cerimônia, 156
sonhos, 145–47, 152, 185–86
sono, sonho, vigília, estados de, 146–47
Sukhavati (reino puro), 161, 191
Sukhavati, cerimônia de, 197

T

tempo, passagem do, 29
terma (tesouro), tradição do, 213–14
Thinley Norbu Rinpoche, 140
tibetano, budismo, 115, 119, 148
tibetano, cosmovisão/visão de mundo, 12, 41–43, 151, 193, 195
Tibete, 214

tonglen (enviar e tomar), 106
 quatro estágios formais, 219–20
 na morte dos outros, 197, 200
 propósitos do, 219–20, 221
 na hora da morte, 107
transições, 14, 37–38, 58–59
trauma, 90, 141
Treinamento da mente em sete pontos, 85
três kayas, 148–49
três venenos, 86–87, 99, 129, 226.
 Ver também raiva/agressividade; apego; ignorância (*klesha*)
Trisong Detsen, 213
tristeza, 29, 200
Trungpa Rinpoche, Chögyam, 14, 115, 214
Tsoknyi Rinpoche, 82, 91
tulku, significado de, 49
Tulku Urgyen Rinpoche, 49

V

vacuidade (shunyata), 72, 219
Vairochana, 120, 130
Vajra, família, 120. 123, 124–25, 224
Vajrayana, 135–36
verdade absoluta, 71, 72–74, 78, 107, 182
verdade relativa, 71–72, 73
verdadeira natureza, 182, 201
 conhecer, potencial de, 58
 na hora da morte, 43, 54–55
 nas experiências do bardo, 134, 152
 vislumbres, 60
vício, 22, 86, 87
vida humana preciosa, 189, 190–91, 211
visão clara, 96, 223
vulnerabilidade, 30, 36, 204, 205

W

Walter Evans–Wentz, 214

Y

Yeshe Tsogyal, 214

Z

zona de alto risco, 141–42, 143
zona de desafio, 140-41, 142-43

Fotografia: Christine Alicino

Sobre a autora

ANI PEMA CHÖDRÖN nasceu Deirdre Blomfield-Brown em 1936, na cidade de Nova York. Frequentou a Miss Porter's School em Connecticut, e formou-se na Universidade da Califórnia, em Berkeley. Por muitos anos, atuou como professora primária no Novo México e na Califórnia. Ela tem dois filhos e três netos.

Quando tinha trinta e poucos anos, Ani Pema viajou para os Alpes franceses e lá encontrou o Lama Chimé Rinpoche, com quem estudou por vários anos. Tornou-se monja noviça em 1974, quando estudava com o Lama Chimé em Londres. Sua Santidade, o XVI Karmapa esteve na Escócia naquela época e Ani Pema foi ordenada por ele.

Em 1972 ela conheceu seu guru raiz, Chögyam Trungpa Rinpoche. Por incentivo de Lama Chimé, começou a trabalhar com Rinpoche e foi com ele que Ani Pema acabou tendo uma conexão mais profunda, estudando sob sua orientação de 1974 até o falecimento de Trungpa Rinpoche, em 1987. Em 1981, a pedido do XVI Karmapa, ela recebeu a total ordenação *bhikshuni*, na linhagem chinesa do budismo, em Hong Kong. Serviu como diretora do centro Karma Dzong, em Boulder, Colorado, até se mudar, em 1984, para a rural Cape Breton, Nova Escócia, onde foi diretora do Gampo Abbey. Chögyam Trungpa Rinpoche deu-lhe instruções explícitas sobre a fundação desse monastério para monges e monjas ocidentais.

Atualmente, Ani Pema ensina nos Estados Unidos e no Canadá e tem planos de passar mais tempo em retiro solitário, sob a orientação do Venerável Dzigar Kongtrul Rinpoche. Outro de seus interesses é ajudar a estabelecer a vida monástica do budismo tibetano no ocidente, assim como continuar seu trabalho com budistas ocidentais de todas as tradições, compartilhando ideias e ensinamentos. Sua organização sem fins lucrativos, a Pema Chödrön Foundation, foi criada para auxiliar nesse propósito, assim como para dar apoio a monjas budistas tibetanas na Índia e no Nepal, e a organizações que ajudam indivíduos e comunidades em situação de vulnerabilidade social nos Estados Unidos.

Ela escreveu vários livros, dentre os quais *Comece onde você está, O salto, Sem tempo a perder, Quando tudo se desfaz, Os lugares que nos assustam, A beleza da vida, Confortável com a incerteza* e *Acolher o indesejável* foram publicados no Brasil.

https://www.facebook.com/GryphusEditora/

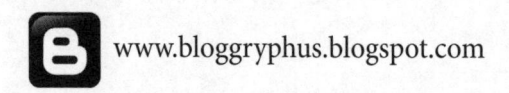

twitter.com/gryphuseditora

www.bloggryphus.blogspot.com

www.gryphus.com.br

Este livro foi diagramado utilizando a fonte Adobe Garamond Pro
e impresso pela Gráfica Edelbra, em papel pólen bold 70 g/m²
e a capa em papel cartão supremo 250 g/m².